초판 1쇄	2020년 09월 25일
초판 4쇄	2024년 06월 14일

지은이	스윗핸즈 조영화

펴낸이	종이학
펴낸 곳	도서출판 종이학
디자인	디자인 종이학

등록	제2017-000005호
주소	인천시 서구 당하동 청마로 134번길 17-2
홈페이지	www.jongihak.modoo.at
이메일	jongihak11@naver.com
SNS	instagram.com/jongihak11
전화번호	0505-290-3570
팩스번호	0505-290-3571

ISBN	979-11-971222-0-0

앙금플라워 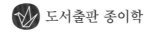 기초교과서

FLOWER RICE CAKE RECIPES

■ 앙금플라워 레시피 ■

스윗핸즈 **조영화** 지음

도서출판 종이학

Contents

Contents

떡은 예로부터 이웃과 정을 나누는 대표적인 음식입니다.
옛말에 '반기를 나누어 도르다'라는 말이 있는데 '반기'란 잔치 후에
손님들에게 싸주는 음식을 말하고, '도르다'란 '몫몫이 나누어 돌리다'라는 의미이며
근래에도 이사 또는 진급, 아기의 첫돌 그리고 개업 시 이웃과 떡을 나누어 먹는 풍습이 남아 있습니다.

우리 민족이 떡을 먹기 시작한 시기는 정확히 알 수 없으나 삼국시대 이전의 유적에서
시루 등이 출토된 것으로 보아 그 이전부터 떡을 만들었다고 추론하고 있습니다.
고(古)문헌에는 떡을 칭하는 다양한 한자가 사용되었는데 병(餠 떡 병), 고(糕 떡 고), 이(餌 먹이 이),
편(䭏 떡 편, 片 조각 편) 등으로 표기되었으며,
떡이라는 단어는 1815년 처음으로 「규합총서」라는 책에 한글로 기록되었습니다.

이렇게 예로부터 우리의 생활과 밀접한 떡은 현재까지 다양한 종류로 발전을 거듭해 왔습니다.
앙금플라워떡케이크 역시 그중 하나로
전통적인 떡의 형태인 백설기 위에 앙금으로 만든 꽃을 장식한 아름다운 케이크를 말합니다.

떡은 만드는 방법에 따라 크게 찌는 떡, 치는 떡, 지지는 떡, 삶는 떡 등으로 구분하는데,
'찌는 떡'은 멥쌀가루나 찹쌀가루를 시루에 안치고 수증기로 쪄내는 떡으로 백설기, 콩설기 등을 말합니다.
쌀가루 사이에 고물을 넣어 켜를 만들어 찌는 시루떡, 발효하여 찌는 증편, 빚어 찌는 송편 등도 있습니다.
'치는 떡'은 찹쌀가루나 멥쌀가루를 시루에 안쳐 쪄낸 후 절구나 기계로 쳐서 만드는
인절미, 절편, 가래떡 등을 말합니다. '지지는 떡'은 쌀가루나 곡식 가루를 반죽하여 모양을 빚고
기름에 지지거나 튀기는 떡으로 화전, 부꾸미, 주악 등이 있으며 소를 넣거나 장식을 하기도 합니다.
'삶는 떡'은 찹쌀가루를 익반죽하여 끓는 물에 익혀 꺼내어 고물을 묻혀 만드는 경단류를 말합니다.
앙금플라워떡케이크에는 주로 찌는 떡인 백설기를 사용하는데, 백설기는 '무리떡'이라고도 합니다.

본 도서에서는 가장 기본이 되는 백설기를 비롯하여
여러 가지 재료를 활용한 다양한 종류의 설기를 만드는 과정,
그리고 앙금꽃을 만드는데 기본이 되는
앙금에 대한 모든 것, 앙금꽃 짜기에 대한 모든 것을 쉽고 자세하게 소개하였습니다.

01

떡 만들기 도구

/ 계량 측정 도구 /

❶ 계량컵
쌀가루를 계량할 때 사용합니다. 1컵은 200ml이며, 습식 멥쌀가루의 경우 1컵의 무게
는 약 100~110g 정도입니다.

❷ 계량스푼
주로 설탕과 소금의 양을 측정하며, 큰 쪽은 15ml로 1T(1 테이블 스푼), 반대쪽은 5ml로
1t(1 티스푼)입니다.

❸ 전자저울
쌀가루의 무게를 측정하는데 꼭 필요한 도구입니다. 1g 단위로 측정 가능한 저울을 구매
하는 것이 좋으며, 가정에서는 2kg 또는 3kg까지 측정할 수 있는 저울로도 충분합니다. (※저울
의 크기가 작으면 볼이 액정을 가려 무게 측정이 어려울 수 있으니 참고하여 구매합니다.)

❹ 타이머
타이머를 사용하면 정해진 시간에 맞추어 떡을 찌기에 편리합니다.

❶ 스테인리스 찜기

쌀가루를 안쳐 떡을 만드는 도구로 바닥에 구멍이 뚫린 솥을 말하며 영구적이고 세척이 편리하여 위생적입니다. 2개 이상의 떡케이크를 동시에 만들 때 2단 찜기를 사용하며 밑판이 분리되는 찜기가 떡을 꺼낼 때 편리합니다. 또한, 보관 시에는 아랫단(윗면에 홈이 있는 것)을 위쪽으로 포개면 많은 공간을 차지하지 않아 좋습니다.

❷ 대나무 찜기

스테인리스 찜기 대신 사용할 수 있습니다. 2단, 3단으로 떡 찌기가 가능하나 대부분 중국산입니다. 사용 횟수 또는 관리 정도에 따라 부서지기도 하기 때문에 반영구적이며, 잘 건조하여 보관하지 않으면 곰팡이가 피는 등 관리상의 어려움이 있습니다. 또한, 떡이 엉겨붙어서 세척이 힘든 단점도 있습니다. 그러나 스테인리스 찜기처럼 뚜껑에서 수증기가 모였다 떨어져 떡이 젖을 걱정이 없기 때문에 면보를 감싸는 번거로움이 없으며, 떡을 찌는 중에 수증기의 양이 균일하여 안정적인 떡 찌기가 가능하다는 장점이 있습니다.

❸ 물솥

물솥은 물을 끓여 수증기를 만드는 뚜껑이 없는 솥으로 쌀가루를 넣은 찜기를 올려 떡을 익혀줍니다. 물을 넉넉히 넣을 수 있는 깊은 물솥은 떡 찌는 중에 물을 보충하는 번거로움이 없고 물이 끓으면서 떡 밑이 젖는 것을 방지하기 때문에 좋습니다.

스테인리스 물솥은 IH, 가스, 하이라이트 모두 가능한 물솥과 IH가 불가능한 물솥 두 종류가 있습니다. 알루미늄 물솥은 가볍고 열전도가 빨라서 가스레인지에 좋습니다. 하이라이트에도 사용이 가능하지만, 경도가 낮아서 무른 특성이 있기에 인덕션 상판에 손상을 줄 수 있으므로 추천하지 않습니다.

• 물솥의 선택 •

종류		가열방식	스테인리스 물솥	인덕션겸용 스테인리스 물솥	알루미늄 물솥
인덕션	IH	자기장의 떨림을 이용하여 열을 내는 방식	X	O	X
	하이라이트	상판을 빨갛게 가열하여 열을 이용하는 방식	O	O	△
가스레인지		가스를 원료로 하여 불꽃의 열을 이용하는 방식	O	O	O

TIP

· 김올라
물솥에는 총 3개의 홈이 있으며, 25cm, 27cm, 30cm 3가지 크기의 찜솥을 올릴 수 있습니다. 그보다 작거나 큰 찜솥을 올리려면 김올라를 사용하면 됩니다. 김올라는 수증기를 모아 올려 떡을 찌는 데 도움을 줍니다.

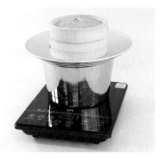

/ 떡 안칠 때 사용되는 도구 /

❶ 중간체
스테인리스로 만들어진 중간체는 물 준 쌀가루를 곱게 내려주는 역할을 합니다. 스테인리스 망의 간격이 좁고 넓음에 따라 고운체, 중간체, 굵은체(어레미)라고 하는데, 떡을 만들 때는 중간체를 사용합니다. 참고로 녹두 고물이나 거피팥 고물을 내릴 때는 어레미를 주로 사용하며, 국산 스테인리스 체가 정교하고 탄탄합니다.

❷ 깊은볼
쌀가루를 체에 내릴 때 체의 아래에 받치는 것이 깊은볼입니다. 깊은볼은 윗면에 홈이 있는 것으로 구매하며, 이 홈에 중간체를 걸쳐 쌀가루를 비벼 볼에 담아냅니다. 또한 볼이 깊어 체친 쌀가루가 눌리지 않아 좋습니다.

❸ 무스링
무스링은 베이킹에서도 쓰이지만, 케이크 모양의 떡을 만들 때도 사용되며, 찜솥에 시루밑을 깔고 무스링을 놓은 뒤 쌀가루를 채우면 무스링 모양의 백설기를 만들 수 있습니다. 앙금플라워떡케이크에 가장 많이 사용하는 사이즈는 1호(지름 15cm)입니다. 모양은 사각, 하트,꽃, 숫자 등 다양합니다.

❹ 스크래퍼
스크래퍼는 주로 PP(폴리프로필렌) 소재로 끝이 '둥근 스크래퍼'와 끝이 각진 '사각 스크래퍼' 등이 있습니다. 떡을 만들 때는 사각 스크래퍼를 사용하며, 쌀가루의 윗면을 평평하게 고를 때 사용하거나, 떡을 자를 때도 사용합니다. 날카롭지 않아 떡 비닐 위에서도 흠집 없이 떡을 자를 수 있습니다.

❺ 실리콘 시루밑

찜기 바닥에 까는 도구이며, 쌀가루의 떨어짐을 줄여주고 찜기 바닥면에 떡이 달라붙지 않도록 도와줍니다. 찐빵, 만두, 찹쌀떡 등을 만들 때에도 두루 사용되는 실리콘 시루밑은 삶기가 가능하기 때문에 위생적이며 보관이 좋고, 반영구적 사용이 가능한 장점이 있습니다.

> **TIP**
> • 옛날에는 '시루'라는 질그릇을 사용하여 떡을 쪘는데, 시루는 요즘의 찜기에 해당
>   됩니다. 시루는 바닥에 여러 개의 큰 구멍이 있는데, 쌀가루가 빠져나가는 것을 막고
>   균일한 수증기를 주기 위해 식물의 덩굴이나 짚, 삼베 등을 깔았습니다. 이것이 현대
>   에 와서 실리콘 재질의 시루밑으로 바뀌게 되었습니다.

❻ 면보

떡 밑이 덜 젖게 하기 위해 시루밑 아래에 '면보'나 '키친타월'을 깔아줍니다. 또한, 스테인리스 찜기 뚜껑에 면보를 감싸주기도 하는데, 이것은 떡을 찔 때 뚜껑에 맺힌 수증기가 물방울이 되어 떡에 떨어지지 않도록 하기 위해서입니다. 송편, 쑥개떡, 찹쌀떡 등을 만들 때도 쌀가루 밑에 면보를 깔아 찌기도 합니다.

> **TIP**
> • 섬유, 종이, 휴지 등을 하얗게 보이게 하기 위해서 형광 증백제를 사용하게 되는데,
>   형광 증백제는 피부나 소화기에 좋지 않다고 알려져 있으니, 민감한 분들이나 아이들
>   을 위해 '무형광 면보'를 사용하는 것이 좋습니다.

/ 있으면 유용한 도구 /

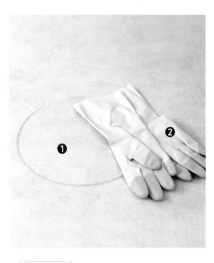

❶ 떡 뒤집개

설기를 찐 후 접시(또는 케이크 판)에 떡을 옮길 때 사용하는 것이 떡 뒤집개입니다. 설기를 찌면 떡의 아래쪽에 실리콘 시루밑 자국이 남게 되는데 자국 남은 쪽이 아래쪽으로 가도록 한 번 뒤집어 접시(또는 케이크 판)에 올리게 됩니다. 이때 떡 뒤집개를 사용합니다.

❷ 떡 장갑

떡 장갑은 뜨거운 무스링을 떡과 분리할 때 사용합니다. 절편을 반죽하거나 인절미를 할 때 떡이 굳기 전에 장갑을 끼고 빨리 작업할 수 있습니다.

> **NOTICE**
> • 떡 뒤집개 대신 큰 접시를 사용할 수 있지만, 접시는 무겁고 불투명하여 케이크판의 중앙에
>   잘 놓였는지 확인하기 어렵습니다.

/ 장식 도구 및 포장재료 /

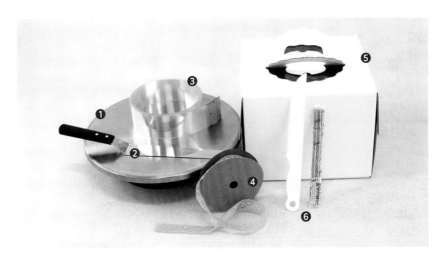

❶ 케이크 돌림판
떡에 앙금꽃을 배열할 때 주로 사용합니다. 설기떡을 올려놓고 돌림판을 회전시키면 여러 각도에서 앙금꽃의 배열을 확인할 수 있습니다. 또한 돌림판을 회전시키며 '앙금 아이싱'을 하면 조금 더 빠르고 완성도 있게 작업할 수 있습니다. ('앙금 아이싱' 이란, 설기 떡의 겉면이 마르는 것을 방지하기 위해 앙금을 얇게 펴 발라주는 것을 말합니다.)

❷ 스패츌러
앙금 아이싱을 할 때 앙금 크림을 설기떡에 바르고 매끈하게 다듬는데 사용합니다.

❸ 무스띠
떡이 마르는 것을 방지하기 위해 떡 찌고 난 뒤 옆면에 둘러주는 얇고 투명한 필름지입니다. 떡을 한 김 식혀 뜨거운 기가 가시면 바로 둘러주어 마름을 방지합니다.

❹ 리본
무스띠에 둘러 떡을 더 예쁘게 장식합니다. 레이스, 공단, 오간디 리본 등이 있습니다.

❺ 케이크 상자
떡케이크를 선물할 때 담는 상자로 투명상자와 종이상자가 있습니다. 떡의 사이즈에 따라 상자의 크기를 선택합니다. 앙금꽃이 건드려지지 않도록 높이 수치(cm)를 확인하여 시폰 박스 높이 이상의 상자를 구매합니다. 케이크 상자의 이동이 편하도록 케이크 상자용 비닐 봉투를 이용하기도 합니다.

❻ 초와 케이크 칼
생일 선물을 할 경우 초와 케이크 칼을 준비해 넣어주기도 합니다.

02

앙금꽃 만들기 도구

/ 조색볼과 실리콘주걱 /

❶ 조색볼

앙금을 부드럽게 풀어줄 때, 또는 조색할 때 사용하는 것이 바로 조색볼입니다. 단점은
손잡이 부분이 돌출되어 있어 포개 놓으면 부피를 차지한다는 점이며, 조색볼 대신 일반
밥그릇이나 작은 스테인리스볼을 사용하기도 합니다.

❷ 조색볼 뚜껑

빠른 작업이 익숙하지 않을 때 앙금이 마르지 않도록 뚜껑을 덮어 둡니다. 투명한 아크릴
재질로 되어 있어 내용물을 확인하기 쉬우며, 위생 비닐로 대체 가능합니다.

❸ 실리콘주걱

앙금을 조색볼에 덜거나, 앙금을 부드럽게 풀어줄 때, 또는 색을 낼 때 사용합니다. 끝부분이
너무 물렁하거나 딱딱한 것보다 살짝 휘면서 탄성이 좋은 통주걱이 좋으며, 작은 사이즈로도
충분합니다.

/ 짤주머니와 깍지 /

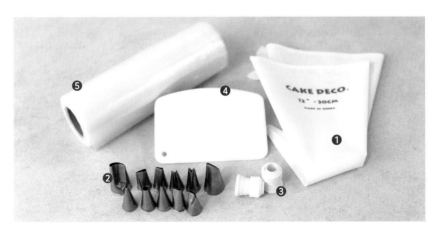

❶ 천 짤주머니

부드럽게 풀어준 앙금을 담는 주머니입니다. 10인치~12인치 사이즈를 주로 사용하며, 끝부분을 약 2cm 가량 자른 후 사용합니다. 안쪽에 코팅 처리가 되어 있어 튼튼하며, 세척하여 사용할 수 있고 터지지 않아서 좋습니다. 안에 넣은 앙금의 색이 보이지 않는 단점이 있습니다.

> **TIP**
>
> · 비닐 짤주머니
>   한 롤에 100개로 둘둘 말려 있는 비닐 짤주머니는 투명하기 때문에 내용물이 잘 보이는 장점이 있습니다. 일회용이긴 하지만 심하게 오염되지 않았거나 찢어지지 않았다면 세척하여 한 번 더 사용할 수 있습니다. (위의 사진에서 ❺번 참고)

❷ 깍지(팁)

깍지 또는 팁이라 부르며, 각각의 번호마다 끝부분의 모양이 달라 여러 가지 꽃잎 모양을 만들 수 있습니다. 대표적으로 장미용, 잎사귀용, 국화용 깍지가 있으며, 모양에 따라 원형, 일자형, 곡선형, 물결형, 별형의 깍지가 있습니다. 몇 종류의 깍지 만으로도 많은 종류의 앙금꽃을 만들 수 있습니다.

❸ 커플러

나사산이 있는 '속 커플러'와 높이가 낮은 '겉 커플러' 2개가 한 쌍입니다. 짤주머니에 끼워 팁을 교체할 때 사용하는데, 속 커플러는 짤주머니 안쪽에 넣고 깍지를 끼운 후, 겉 커플러를 나사처럼 돌려서 깍지를 고정해 줍니다.

❹ 둥근 스크래퍼

짤주머니 안에 있는 앙금을 깍지 쪽으로 밀어줄 때 사용합니다. 끝이 뾰족한 스크래퍼도 있지만, 비닐 짤주머니 사용 시 비닐에 구멍을 낼 수 있으니 모서리가 둥근 스크래퍼를 추천합니다.

/ 꽃짜기 도움 도구 /

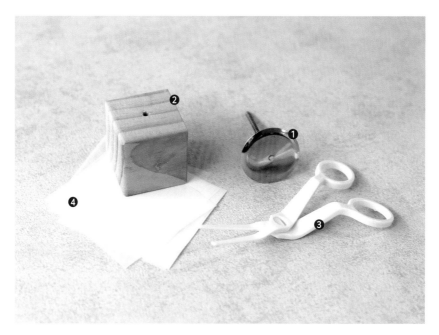

❶ 꽃받침

손잡이를 잡고 돌리면서 그 위에 앙금꽃을 만듭니다. 크기나 모양은 다양하며, 스테인리스 재질로 되어 있습니다. 여러 가지 모양이 있으나 주로 평평한 모양의 꽃받침을 사용합니다.

❷ 네일꽂이

꽃을 만드는 도중에 짤주머니를 고쳐 잡을 때, 혹은 다른 깍지나 다른 색을 사용할 때 잠깐 꽃받침을 둘 곳이 필요한데, 네일꽂이에 꽂아 놓으면 꽃을 보호할 수 있습니다. 네일 구멍이 1개~3개 있는 것도 있습니다.

❸ 꽃가위

만든 꽃을 꽃받침에서 떼어낼 때, 꽃을 떡에 장식할 때 사용하며, 깍지에 낀 앙금을 빼낼 때 사용하기도 합니다. 꽃을 옮길 때 떨어지지 않도록 하기 위하여 가위의 끝부분이 둥글고 면적이 넓은 꽃가위도 있습니다.

❹ 유산지

반투명한 기름종이로 수분에 쉽게 찢어지지 않습니다. 모양이 납작하여 볼륨감이 없는 꽃이나 잎사귀는 유산지(또는 종이호일)에 짜서 냉동실에 얼려두었다가 떡에 올려 장식합니다. 세척과 오븐 사용이 가능한 데프론시트를 사용하기도 합니다.

/ 보관 용기와 세척솔 /

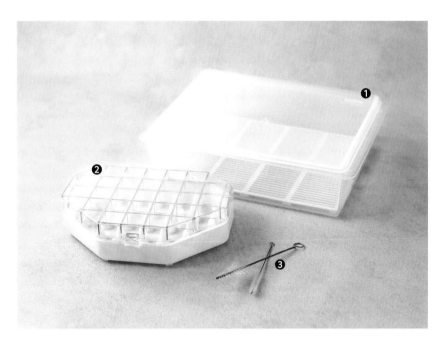

❶ 앙금꽃 보관 용기

만든 앙금꽃은 시간이 지나면 꽃잎 끝이 마르고 갈라져서 부서지기도 합니다. 또는 앙금 플라워떡케이크를 만들 때 시간상 앙금꽃을 미리 만들어 냉동하는 경우도 있습니다. 이런 경우, 앙금꽃이 공기 중에 노출되는 것을 최대한 줄이고 위생적으로 꽃을 보관하기 위하여 앙금꽃 보관 용기를 사용합니다. 높이가 높지 않고 투명하며 많은 꽃이 들어가는 넉넉한 사이즈의 용기를 선택합니다.

❷ 깍지 보관함

깍지는 크기가 작아 보관을 소홀히 하면 분실의 위험이 큽니다. 깍지 보관함에 정리해 두면 위생적인 보관이 가능하며, 원하는 깍지를 쉽고 빠르게 찾을 수 있어 작업 시간이 절약됩니다.

❸ 깍지 세척솔

깍지 사용 후에는 뜨거운 물에 깍지를 담가 불리고 깍지 세척솔로 꼼꼼하게 닦아줍니다. 깍지 세척솔 외에 깍지의 좁은 부위를 닦을 수 있는 '빨대 세척솔'을 사용해도 좋습니다.

03
도구의 세척과 보관법

/ 스테인리스 /

스테인리스 제품을 새로 구매한 경우, 연마제(스테인리스의 표면을 매끄럽게 가공하기 위해 사용되는 약품)를 깨끗이 닦아내고 사용하는 것이 좋습니다. 키친타월, 면봉 등에 식용유를 묻혀, 검게 묻어나지 않을 때까지 닦아내고 주방세제로 깨끗하게 세척한 후, 마른행주로 물기를 제거하여 보관합니다.

> **TIP**
> · 연마제는 면적이 넓은 곳보다 움푹 들어간 곳에 많이 묻어 있으니 더 꼼꼼히 세척해주세요.

1. 깍지, 꽃받침 세척

➡ 주방세제 이용하기
미지근한 물 또는 뜨거운 물에 담가 깍지 안에 있던 앙금이 녹을 때까지 충분히 불려준 후 세척솔과 주방세제를 이용하여 설거지하듯 세척합니다.

➡ 냄비에 끓이기
깍지 안에 남아있던 앙금을 꽃가위 등으로 제거한 후, 냄비에 넣고 깍지가 충분히 잠길 정도의 물을 부어 5분 이상 팔팔 끓여줍니다. 주방세제와 세척솔을 이용하여 세척하고, 흐르는 물에 헹구어줍니다.

➡ 전자레인지 사용하기

깍지 안에 남아있던 앙금을 꽃가위 등으로 제거한 후, 전자레인지용 그릇에 담아 충분히 잠길 정도의 물을 붓고 전자레인지에 약 3분간 돌려줍니다. 주방세제와 세척솔을 이용하여 세척한 깍지는 마른행주로 물기를 닦아낸 후 서늘하고 습기가 없는 곳에 보관합니다.

> **TIP**
>
> · **열탕 소독**
> 깍지 보관 시 위생에 신경 쓰지 못한 경우 열탕 소독을 하면 됩니다. 깍지 사용 전 팔팔 끓는 물에 3분 정도 끓여 열탕 소독 한 뒤 뜨거운 상태로 마른행주에 꺼내 놓으면 금방 말라 바로 사용 가능합니다.
>
>

2. 무스링, 중간체, 깊은볼, 찜기, 물솥, 계량컵, 계량스푼 세척

주방세제로 설거지하듯 세척합니다. 스테인리스 제품에 얼룩이 생길 경우, 물에 적셔 꼭 짠 행주에 베이킹소다를 묻혀 문지르면 새것 같이 반짝반짝해집니다.

> **TIP**
>
> · **녹이 슨 스테인리스 복구 방법**
> 녹이 슨 부분에 토마토케첩을 발라 20~30분 동안 방치한 후 휴지로 닦아냅니다. 주방세제를 이용하여 세척하고 물로 헹군 뒤 마른행주로 닦아줍니다.
>
>

/ 나무 /

주방세제를 사용하여 세척할 경우 세제 거품이 나무로 스며듭니다. 떡을 찔 때 열과 수증기가 발생하면서 나무 안에 있던 세제 거품이 다시 밖으로 나와 떡에 스며들기 때문에 주방세제로 세척하는 것은 권장하지 않습니다.

1. 대나무 찜기 세척과 보관

엉겨 붙은 쌀가루는 물에 불린 뒤 세제 없이 수세미나 솔로 닦고 흐르는 물에 헹구어 줍니다. 물솥에 물을 반 이상 담고 식초를 약 1T 넣어 물을 팔팔 끓여준 후, 대나무 찜기를 올려 약 10분간 스팀을 쏘여 줍니다. 대나무 찜기가 스팀으로 젖으면 뜨거운 상태 그대로 그늘에 말려줍니다. 수증기가 증발하면서 대나무 찜기가 마르게 됩니다. 잘 마른 찜기는 뚜껑을 덮어 그늘에 보관합니다.

2. 네일꽂이 세척과 보관

매번 세척할 필요는 없으며, 소독이 필요한 경우에 끓는 물에 약 3분간 삶아 건져 뜨거운 상태로 그늘에서 말려 습기 없는 곳에 보관합니다.

/ 플라스틱 /

조색볼, 조색볼 뚜껑, 스크래퍼, 꽃가위, 커플러는 미지근한 물에 담가 앙금을 불린 후 주방세제로 세척하고 물기를 제거한 후 보관합니다.

/ 실리콘 /

실리콘 주걱은 주방세제로 세척합니다. 실리콘 시루밑은 떡을 찐 뒤 물솥에 남은 뜨거운 물에 담가 떡을 불려준 후 주방세제로 세척하며, 열탕 소독 후 물기를 제거하여 보관해 주세요.

/ 면보와 짤주머니 /

면보는 주방세제를 한 방울 떨어뜨려 거품 낸 물에 세탁합니다. 소독할 경우, 베이킹소다 또는 식초를 넣어 5분 이상 팔팔 삶은 뒤 헹궈 말려 줍니다.
천 짤주머니는 뒤집어서 주방세제로 세척하여 말리고, 소독은 뜨거운 물에 살짝 데쳐 건져낸 후 잘 말려 보관합니다.

Part 2

재료 이해하기

01

앙금의 종류와
보관법

앙금의 주재료인 흰 강낭콩은 앙금의 50%~65% 정도를 차지합니다.
제조사에 따라 강낭콩 외에 백설탕, 물엿, 소금, 전분 등이 적절하게
배합되어 있습니다. 시중에 판매되고 있는 흰 앙금 중에 앙금꽃을 만들 때
가장 많이 사용하는 앙금은 '춘설앙금', '백옥앙금'입니다.

/ 앙금의 종류 /

1. 된 앙금

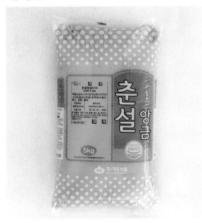

➥ 춘설앙금

다소 된 앙금으로 화과자나 구움 과자를 만
들기도합니다. 앙금꽃을 만들 때는 물 또는
생크림을 혼합하거나 묽은 백옥앙금을 혼합
하여 사용합니다. 57Bx의 당도(57H로 표기)
를 가지고 있으며, 5kg 단위로 포장되어 판매
되고 있습니다. 앙금꽃의 재료로 무난하게
사용되고 있는 앙금입니다.

➥ 백설앙금

백설앙금 역시 약간 된 느낌의 앙금으로 춘설
앙금과 비슷한 점도를 가지고 있으며, 앙금
꽃의 재료로 무난하게 사용되고 있는 앙금
입니다. 물 또는 생크림 등을 혼합하여 앙금
꽃을 만들며, 55Bx의 당도를 가지고 있고,
5kg, 1kg 단위로 판매되고 있습니다.

2. 묽은 앙금

◐ 백옥앙금 (55M)

다소 묽은 편인 앙금으로 55Bx의 당도 (55M 표기)를 가지고 있습니다. 백옥앙금 그대로 잘 비벼서 꽃짜기 연습이 가능하지만 꽃을 배열하게 되면 다른 꽃들과 맞닿고 쌓아지면서 잘 뭉개집니다. 앙금꽃을 만들 때는 된 앙금인 춘설앙금 또는 백설앙금과 섞어서 사용하는 것이 좋습니다.

3. 묽은 저감미 앙금

◐ 백옥앙금 (S35M)

저감미 백옥앙금은 설탕의 함량을 낮추고 저감미 당류인 말티톨(Maltitol)을 넣어 제조한 앙금입니다. 당도 57Bx로 백옥앙금보다 높은 당도를 가지고 있으나 덜 달게 느껴집니다. 묽은 앙금이기 때문에 춘설앙금 또는 백설 앙금과 섞어 사용하며 1kg, 5kg 두 가지가 있습니다.

> **TIP**
> • 앙금은 동절기와 하절기의 점도가 조금씩 달라 같은 앙금이어도 하절기에 조금 더 묽습니다.
> • Bx(Brix)란? 당도를 측정하는 단위로 물 100g에 녹아 있는 설탕의 양을 말합니다.
> • 앙금의 유통기한은 약 3개월입니다. 사용할 만큼 구매하거나 소분하여 냉동 보관합 니다.

/ 앙금 보관법 /

1. 앙금 개봉 전

◐ 실온 보관

개봉 전에는 실온 보관이 가능하며, 실온 보관 시 직사광선을 피해 선선한 그늘에 보관합니다. 여름에는 뜨거운 공기가 위쪽으로 상승하므로 찬장의 위 칸보다 아래 칸에 보관하는 것이 좋습니다. 겨울에는 그늘진 실온 또는 베란다에 보관하는 것이 좋습니다.

◐ 냉장 보관, 냉동 보관

봉지 그대로 냉장실 또는 냉동실에 보관 가능하며, 유통기한 내에 사용해야 합니다. 꽃짜기 연습용(식용이 아닌 경우) 앙금이라면 보관이 잘 되었을 경우, 유통기한에 크게 신경 쓰지 않아도 됩니다.

2. 앙금 개봉 후

개봉 후 2~3일 내로 금방 사용하게 될 경우 밀폐용기에 넣어 냉장 보관합니다. 바로 사용하지 못할 경우 또는 5kg 단위의 양이 많은 앙금을 개봉하였을 경우에는 사용할 만큼 소분하여 냉동실에 보관합니다.

3. 냉동된 앙금 사용법

◐ 전자레인지 이용하기 ·· • 급하게 앙금이 필요할 때

해동모드를 작동시켜 언 상태를 말랑하게 만들어줍니다. 연습용이 아닌 식용일 경우에는 전자레인지 사용을 피합니다.

◐ 냉장실 이용하기 ·· • 일반적인 해동 방법

앙금이 필요한 전날에 냉장실로 옮겨 놓으면 냉장실에서 해동됩니다. 꺼내어 실온에 두었다가 냉기가 빠지면 잘 섞어 사용합니다.

◐ 실온에 두기 ·· • 앙금을 사용하기까지 2시간 이상 여유시간이 있을 때

사용하기 1~2시간 전쯤 실온에 두면 금방 원래의 상태로 돌아옵니다. (염도나 당도가 높고 수분을 함유하고 있는 식품은 냉동 시 꽁꽁 얼지 않습니다.)

> **NOTICE**
> • 냉동된 앙금을 해동하는 과정에서 세균이 증식되므로 한 번 녹은 앙금은 재냉동하지 않는 것이 좋습니다.

4. 앙금 소분법

많은 양의 앙금을 구매하여 한 번에 다 쓸 수 없을 때 소분하여 냉동합니다.

01 | 포장지의 윗부분과 아랫부분의 날개를 가위로 자릅니다.

02 | 가운데 포장 날개를 잘라 비닐을 양옆으로 벌립니다.

03 | 한 번 사용할 만큼 스크래퍼나 칼로 분할합니다.

04 | 각각 위생 비닐에 담아 납작하게 만듭니다.

05 | 날짜, 앙금의 종류, 무게 등을 적어 위생 지퍼백에 담아 냉동실에 넣습니다.

 TIP

• 포장지를 깨끗하게 씻고 포장 비닐 채 칼로 잘라 위생 지퍼백에 담아 냉동 보관하기도 합니다.

02
설탕과 소금

설탕과 소금은 단맛과 짠맛을 대표하는 감미료로 음식의 맛에 가장 기본이 되며
떡을 만들 때 역시 소량이긴 해도 꼭 넣어야 할 필수 재료입니다.

/ 설탕 /

설탕은 사탕수수 또는 사탕무의 즙을 내어 농축시킨 후 원심 분리하여 원당을 생성합니다.
원당을 정제하고 가공하여 백설탕, 황설탕, 흑설탕 등이 만들어지며 정제도가 높을수록
색이 희고 감미도가 높습니다. 설탕은 흡습성이 있어 습기에 덩어리지기 쉬우니 밀봉하여
건조한 곳에 보관합니다.

1. 자일로스 설탕

자일로스 설탕은 약 90%의 백설탕에 자작나무에서 추출한 성분인 자일로스를 넣은 설탕
으로 같은 양의 설탕 대비 30~40% 정도 흡수율이 낮은 기능성 설탕입니다. 열을 가하면
갈색을 내는 성질과 특유의 향 때문에 백설기에는 적합하지 않습니다.

2. 떡에서 설탕이 하는 역할

백설기를 만들 때는 백설탕을 사용합니다. 보통 쌀가루 양의 약 10% 정도를 넣어주며,
기호에 따라 당도를 조절합니다. '정백당'이라고도 부르며, 흰색을 띠기 때문에 어떤 떡을
만들더라도 무난합니다. 설탕은 세균의 침투를 막는 방부제의 역할과 동시에 떡의 노화를
줄여주고 맛을 증진시키는 역할을 하기 때문에 꼭 넣어주는 것이 좋습니다.

백설탕과 자일로스 설탕

백설탕을 넣은 떡 　 자일로스 설탕을 넣은 떡

/ 소금 /

소금은 주로 '천일염'이라 부르는 '호렴'을 사용합니다. 바닷물에는 3%의 염분이 포함되어 있는데 수분을 증발시켜 얻어내는 염분 결정체가 바로 천일염입니다. 천일염은 굵은 소금이라고도 부르며 입자가 크고 회색빛이 돕니다. 또한 소금은 몸의 체액을 조절하는 중요한 역할을 합니다.

1. 재제염(꽃소금)

천일염을 물에 녹여 불순물과 간수를 제거하여 다시 결정시킨 소금을 '재제염'이라고 합니다. 천일염보다 색상이 희고 알맹이가 작으며 쓴맛이 적습니다. 떡을 만들 때 천일염 대신 사용할 수 있으며 쌀가루를 만들 때 쌀과 함께 넣어 빻아줍니다.

2. 떡에서 소금이 하는 역할

보통 쌀을 빻을 때 쌀의 양에 약 1~1.3%를 넣어줍니다. 천일염에 들어 있는 칼슘과 마그네슘은 떡의 호화를 도와주는 역할을 하며 설탕의 단맛을 더 좋게 만들어줍니다.

03
쌀과 쌀가루

쌀의 원산지는 인도와 중국에 이르는 광범위한 지역으로 알려져 있으며
중국을 거쳐 우리나라로 들어왔다고 합니다.
쌀은 점성에 따라 크게 멥쌀과 찹쌀로 구분하며
이를 가루 형태로 빻아 떡을 만듭니다.
멥쌀을 빻은 것을 멥쌀가루, 찹쌀을 빻은 것을 찹쌀가루라고 합니다.

/ 멥쌀과 찹쌀 /

멥쌀과 찹쌀은 성분상 큰 차이는 없지만, 전분의 성질이 다릅니다. 찹쌀의 전분은 100% 아밀로펙틴으로 이루어져 있어 찰지고 점성이 강한 성질을 띕니다. 반면, 멥쌀이 가지고 있는 전분은 80%의 아밀로펙틴과 20%의 아밀로오스로 이루어져 있어 찹쌀에 보다 점성이 낮습니다.

1. 멥쌀

보통 우리가 밥을 지어먹는 쌀은 멥쌀입니다. 멥쌀은 반투명하고 찹쌀에 비해 단단하며, 성질이 따뜻하여 구토, 설사, 갈증을 없애고 정기가 허해지는 것을 보완해 줍니다. 또한, 멥쌀가루는 백설기, 단호박설기, 흑임자설기 등을 만들거나 송편이나 절편을 만들기도 합니다.

2. 찹쌀

찹쌀은 멥쌀보다 찰지고 소화도 잘되며, 목마르고 가슴이 답답한 증상을 완화해 줍니다. 또한, 찹쌀가루는 찹쌀떡, 인절미 등의 찰떡에 사용하며 찬 성질을 가지고 있습니다. 찹쌀은 불투명한 우윳빛을 띠기 때문에 육안으로 멥쌀과 쉽게 구분이 가능하지만 빻은 상태에서는 멥쌀가루와 찹쌀가루를 구분하기 어렵습니다.

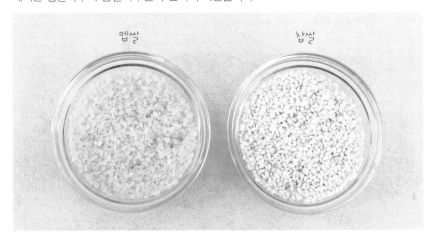

3. 쌀의 보관

쌀은 뜨겁거나 습기가 있는 곳을 피하며, 벌레가 생기지 않도록 쌀통이나 용기에 담아 서늘하고 그늘진 곳에 보관합니다. (묵은쌀은 쌀눈의 부위가 갈색으로 변하고 냄새가 나며 쉽게 부서집니다.)

TIP

· 멥쌀과 찹쌀 비교

/ 멥쌀가루 찹쌀가루 구분법 /

냉동실에 소분해둔 멥쌀가루와 찹쌀가루를 구분하기 어렵다면 두 가지 방법을 이용하여 확인할 수 있습니다.

1. 요오드 용액 사용하기

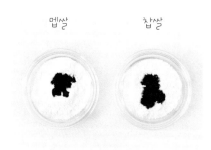

약국에서 요오드 용액을 구매합니다. 찹쌀가루에 떨어뜨리면 요오드 용액의 색이 거의 변화가 없지만, 멥쌀가루에 떨어뜨리면 아밀로오스에 반응하여 검은 청색 빛으로 변합니다.

2. 물을 넣고 가열해 보기

쌀가루와 물을 1:1로 섞어 냄비에 가열하여 익혀주거나, 전자레인지를 사용할 경우 10초간 2~3회 돌려 익힌 후 상태를 확인합니다. 덩어리지게 익으면 멥쌀가루이고 매끈하게 퍼지면 찹쌀가루입니다.

/ 습식 쌀가루 습식 멥쌀가루·습식 찹쌀가루 /

전통적인 쌀가루 만드는 방식으로 제조합니다. 깨끗하게 씻은 멥쌀을 5~6시간 이상 불려 물기를 뺀 후, 1~1.3%의 소금을 넣고 방앗간이나 떡집에서 곱게 빻은 쌀가루입니다.

1. 냉장 보관하기
떡을 찌기 하루 이틀 전이라면 냉장실에 보관할 수 있지만 쌀가루나 냉장실의 위생 상태에 따라 달라질 수 있습니다.

2. 냉동 보관하기
빻아온 쌀가루는 소분하여 위생 백에 담아 냄새가 배지 않게 잘 밀봉합니다. 날짜, 쌀가루 종류, 무게 등을 기입하여 냉동 보관합니다.

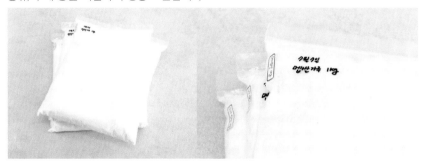

3. 한 번 해동했던 쌀가루
해동하는 과정에서 세균 번식의 우려가 높기 때문에 한 번 해동했던 쌀가루는 재냉동하여 사용하지 않습니다.

/ 건식 쌀가루 건식 멥쌀가루·건식 찹쌀가루 /

건식 쌀가루는 습식 쌀가루의 단점을 보완하여 만든 것으로 복잡한 제조 공정과 제조 시간을 단축시키고 유통과 보관이 편리하게 만든 쌀가루입니다. 쌀을 세척하고 불리고 빻는 번거로운 과정이 필요 없이 인터넷 쇼핑몰에서 쉽게 구매할 수 있습니다.

1. 특수식용 건식 쌀가루
쌀을 씻은 후, 불리는 과정 없이 건조하여 분쇄합니다. 입자가 떡 만들기용에 비해 굵어 이유식이나 죽용으로 사용되며, 떡을 찌기에 적합하지 않습니다.

2. 떡용 건식 쌀가루

대표적인 상품으로 '가루멥쌀' 이라는
상품이 있으며, 씻어서 불린 쌀을 빻아
건조하여 밀가루 타입으로 만든 쌀
가루입니다. 소금이 첨가되지 않아
조리 시 소금을 첨가합니다.

3. 습식 멥쌀가루와 건식 멥쌀가루(떡용) 비교

구분	습식 멥쌀가루	건식 멥쌀가루
구매처	방앗간, 떡집 등에서 빻아오거나 빻은 쌀가루 구매	온라인 쇼핑몰
모양	건식에 비해 입자가 굵고 촉촉함	입자가 곱고 밀가루처럼 건조함
보관	냉장 보관, 장기 보관 시 냉동 보관	실온 보관 가능
물의 양 맞추기	쌀의 종류, 불린 정도, 분쇄환경, 보관방법 등에 따라 첨가하는 물의 양이 조금씩 달라질 수 있음	대체적으로 물의 양을 맞추기 쉬운 편임(물의 정량은 포장지 뒷면의 설명서 참고)
식감	쫀쫀하며 찰진 식감, 깊은 맛	볼륨감이 있으며, 부드러운 식감
특징	쌀가루 1컵(200ml)당 약 1T의 물이 필요하므로 수분이 많은 재료(단호박, 고구마 등)를 첨가할 때 제약이 있음	쌀가루 1컵당 약 11T의 물이 필요하므로 물을 대체할 수 있는 수분이 많은 재료(단호박, 고구마 등)를 넣거나 액상 시럽, 커피 등을 넣기에 그 양의 제약이 적음

4. 보관하기

개봉 전후 모두 실온 보관이 가능합니다. 개봉 후에는 습한 곳이나 직사광선을 피하며, 어둡고
선선한 곳에 보관합니다. 다른 냄새가 섞이지 않게 밀봉하고, 벌레가 생기지 않도록 보관에
유의합니다. 유통기한이 남았더라도 개봉 후에는 빨리 먹는 것이 좋습니다.

04

떡의 호화와 노화

쌀가루에 수분과 열이 가해지면 전분이 익으면서 점성이 생겨 떡이 되는데
이를 '떡의 호화'라고 합니다. 호화된 떡이 식으면서 시간이 지날수록
수분이 빠져나가며 딱딱해지는데, 이것을 '떡의 노화'라고 합니다.

> **TIP**
>
> · 전분이란?
> 전분은 쌀의 주요 성분이며 '녹말'이라고도 부릅니다. 전분은 녹색식물의 광합성
> 작용을 통해 만들어진 영양분을 말하는데, 식물마다 여러 가지 방법으로 저장합니
> 다. 잎에 그대로 저장되거나 벼, 보리, 옥수수 등은 열매에 저장하고 감자와 고구마
> 등은 뿌리에 저장합니다. 전분은 탄수화물의 종류로 아밀로오스와 아밀로펙틴의
> 혼합물이며 단맛이 없고 냉수에 잘 풀어집니다.

/ 전분의 호화 /

호화에 필요한 두 가지 요소는 '물'과 '열'입니다. 전분에 물을 가하여 가열하면 일정 온도
에서 전분 입자가 급격히 물을 흡수하다가 열에 의해 전분의 구조가 느슨해지고 전분 입자
가 팽윤하면서 분자가 붕괴됩니다. 아밀로오스는 엉기는 성질로, 아밀로펙틴은 끈끈한 성질
로 나타나는데 이 현상을 '전분의 호화'라고 합니다.

> **TIP**
>
> · 호정화
> 물을 가하지 않고 열만을 가하여 전분을 익히는 것을 말하며 뻥튀기와 미숫가루
> 등이 있습니다.

호화를 돕는 요소

➲ 수분 함량

수분을 적게 준 쌀가루는 오랫동안 열을 가해도 익지 않으므로 호화를 위해서는 충분한
수분이 필요합니다.

➲ 가열 온도

떡집에서 보일러 스팀 찜기로 찌는 떡이 가정에서 찜기로 찌는 떡에 비해 더 호화가 잘
되는 이유는 높은 온도에 가열하기 때문입니다. 찹쌀은 아밀로펙틴 약 100%로 구성되어
있으며 70℃ 이상에서 호화됩니다. 또한 멥쌀은 아밀로오스 20%와 아밀로펙틴 80%로
구성되어 있으며, 65℃ 이상에서 호화됩니다.

◐ 소금의 첨가

적당량의 소금은 약알칼리성 식품으로 호화를 도와주는 역할을 합니다.

/ 전분의 노화 /

호화된 전분은 시간이 지나면서 분산되어 있던 전분 분자가 다시 원래의 전분 구조에 가까워집니다. 이렇게 점성을 잃으면서 원래의 상태로 되돌아가는데, 이 현상을 '전분의 노화'라고 합니다. 밥, 떡, 감자, 고구마, 옥수수 등 전분이 많은 음식이 식은 후에 점차 굳어지는 것과 같습니다.

노화 억제하기

◐ 수분

제조한 떡의 수분이 30% 이하로 적을 경우에 노화가 촉진되며, 반대로 60% 이상일 경우에도 노화가 촉진됩니다. 단, 건빵이나 라면 등과 같이 수분함량이 10% 이하일 경우에는 노화가 거의 일어나지 않습니다.

◐ 보관온도

냉장 온도에서 노화가 가장 빨리 진행됩니다. 반면 호화된 상태 그대로 약 -18℃ 이하의 온도에서 급속냉동하면 노화를 일시적으로 억제할 수 있습니다. 또한 호화된 상태에서 바로 냉동 보관한 떡을 찜기에 찔 경우 말랑한 상태로 되돌아옵니다.

◐ 설탕

설탕은 수분을 끌어당기는 흡습성이 있어 수분의 이동을 막아 노화를 지연시켜 줍니다. 따라서 떡을 만들 때 적당한 양의 설탕을 넣어주는 것이 좋습니다. 또한, 설탕은 전분이 호화될 때 전분 분자 간의 결합을 약하게 만들어 노화를 지연시키는 역할을 합니다. 그러나 너무 많은 양의 설탕은 오히려 호화를 방해합니다.

> **NOTICE**
> · 신맛이 나는 재료를 첨가하게 되면 노화의 진행 속도가 빨라집니다.

◐ 엿기름 (아밀라아제)

엿기름에 들어 있는 아밀라아제는 전분을 분해하는 작용을 하여 노화를 억제하는데 도움을 줍니다.

◐ 전분의 종류 (아밀로펙틴)

끈끈한 성질인 아밀로펙틴의 함량이 많을수록 노화가 더디므로 멥쌀보다 찹쌀이 더 노화가 더디게 일어나며 잘 호화된 떡일수록 노화가 천천히 진행됩니다.

01
쌀가루 만들기

멥쌀을 충분히 불리면 무게가 약 1.25배 정도 늘어나고,
찹쌀을 불리면 약 1.4배로 늘어납니다.
보통 800g의 멥쌀을 불리면 약 1kg으로 불어나게 되는데,
쌀은 생산되는 지역마다 각기 다른 특성이 있어
물을 먹는 양의 차이가 있을 수 있습니다.
또한 햅쌀의 경우 묵은쌀보다 물을 적게 먹습니다.

/ 쌀가루 만들기 /

01 | 쌀을 깨끗하게 씻어줍니다.
02 | 물을 넉넉히 붓고 5시간 이상 불려줍니다.
03 | 소쿠리에 건져 30분 정도 물기를 빼줍니다.

04 | 깨끗한 용기나 비닐에 담아 방앗간 또는 떡집에서 빻아옵니다.
05 | 한 번에 쓸 양만큼 소분하여 위생 지퍼백에 담아 납작하게 한 후 날짜와 무게 등을 기입
하여 냉동 보관합니다.

1. 쌀 씻기

쌀을 으깨듯 씻으면 쌀눈의 영양소인 티아민(비타민 B1)의 손실이 있으므로 뿌연 물이 나오지 않을 정도로 가볍게 충분히 씻어줍니다.

2. 쌀 불리기

⊙ 여름철

여름철엔 금방 쉴 수 있으니 불리는 동안 3차례 정도 물을 갈아줍니다. 물을 갈 여건이 안될 경우, 물을 조금씩 틀어 놓습니다. 씻어서 냉장고에 하룻밤 동안 불려도 좋습니다.

⊙ 겨울철

수온이 낮은 겨울철에는 조금 더 불려줍니다. 불리는 시간은 쌀이 더 이상 물을 빨아들이지 못하는 포화상태가 될 때까지 불리면 됩니다.

3. 알맞게 불었는지 체크하기

투명했던 쌀알의 색이 불투명하게 바뀌며 크기가 커집니다. 손가락으로 잡아 문질렀을 때 으깨지면 알맞은 상태입니다.

4. 방앗간에서 쌀 빻기

⊙ 물을 넣지 않고 빻을 때

보통 물을 넣지 않고 쌀을 빻습니다. 쌀을 빻을 때 물을 넣어 빻게 되면 수분이 있는 부재료와 혼합할 수 없기 때문입니다. (※쌀을 빻을 때 작업자분께 **"물을 넣지 말아 주세요"**라고 말하면 됩니다.)

⊙ 물을 넣고 빻을 때

작업자분께 쌀가루의 용도를 이야기하면 적당한 물을 넣어주십니다. (※백설기를 만들 예정이라면 **"백설기 만들 거에요. 물을 넣어주세요."**라고 말하면 됩니다.)

⊙ 소금의 양

소금의 양을 요구하지 않으면 적당히 넣어주십니다. 개인적으로 입맛에 맞는 소금의 양이 있다면 **"소금 1% (혹은 1.3%) 넣어주세요."**라고 말하면 됩니다. 지역마다 쌀 빻는 비용이 다르고 빻는 시간이 정해져 있을 수 있으니 방문 전에 꼭 전화로 문의하는 것이 좋습니다.

> **TIP**
> · 쌀가루 만들기 번거로울 때
> 인터넷 쇼핑몰에서 습식 멥쌀가루를 구매할 수 있으며, 떡집이나 방앗간에서 빻은 쌀가루를 팔기도 합니다.

02

수제 앙금 만들기

:
:
:
:
:

앙금꽃을 만들 때는 시중에 판매되는 앙금을 주로 이용합니다.
구매하기 쉽고 보관이 간편한 장점이 있지만
상온유통을 위해 당도가 높게 제조되는데
앙금을 직접 만들 경우,
설탕의 양을 조절하여 원하는 당도를 맞출 수 있습니다.
수제 앙금은 상하기 쉽기 때문에 빠른 시간 내에 사용하거나 냉동 보관합니다.

/ 수제 앙금 /

• INGREDIENTS •　　: 흰 강낭콩 500g, 설탕 200g, 소금 1/4t, 물엿 50g

01 | 콩을 깨끗이 씻어 1.5배 정도의 물을 붓고 6시간 이상 충분히 불려줍니다. 콩의 크기가 두 배 정도 커지고 쭈글쭈글한 껍질이 매끈해지는 정도가 적당합니다.

> ⇢ 여름철에는 콩을 불리는 동안 쉬지 않도록 물을 두세 번 정도 갈아주거나, 물에 담가 냉장고에서 불리는 것도 좋습니다. 겨울철에는 미지근한 물에 담가 충분히 불려줍니다.

02 | 손으로 비벼 껍질을 벗겨줍니다.

03 | 콩이 잠길 만큼 물을 넉넉히 붓고 약 30분 정도 삶아줍니다. 손가락으로 비볐을 때 쉽게 으깨질 정도로 푹 무르게 삶습니다.

> ⇢ 압력밥솥이나 전기밥솥을 이용하여 밥 짓듯 삶아도 좋습니다.

04 | 삶은 콩을 믹서기나 블렌더로 곱게 갈아줍니다.

> ⇢ 고운체에 콩을 넣고 주걱으로 으깨 내려 주어도 됩니다.

05 | 갈아준 콩, 설탕, 소금을 팬에 넣고 중간 불에서 졸여줍니다. 수분이 거의 날아가면 물엿을 넣어 섞고 불을 끕니다.

03

앙금 크림 만들기

시판용 앙금을 그대로 사용하기에는 너무 되거나 묽기 때문에
예쁜 앙금꽃을 만들기 어렵습니다.
된 앙금은 꽃을 짜기 힘들고, 묽은 앙금으로 만든 꽃은
서로 붙어 뭉개질 수도 있기 때문입니다.
그래서 된 앙금의 경우 물을 섞어 사용하게 되는데,
적절한 앙금의 점도는 개인마다 다를 수 있어
본인에게 맞는 앙금의 점도를 찾는 것이 중요합니다.
또한, 물 대신 버터나 초콜릿과 같은 부재료를 첨가하면
앙금과는 다른 질감, 색상, 맛과 향을 느낄 수 있습니다.

/ 연습용 앙금 /

• INGREDIENTS •   : 춘설앙금 500g, 물 15g~20g

앙금꽃 짜기를 연습할 때는 최대한
간편한 앙금 크림을 사용합니다. 서울
앙금으로 대체 가능하며 앙금의 3~4%
정도의 물을 섞어 사용합니다.

TIP

앙금 고유의 향과 고소하고 달콤한 맛이 그대로 느껴지기 때문에 꽃짜기 연습용뿐만
아니라 선물용, 판매용으로도 가장 무난하게 사용되는 앙금입니다.

/ 아이싱용 앙금 /

• INGREDIENTS • : 춘설앙금 500g, 물 40g, 윌튼화이트색소

01 | 춘설앙금에 물을 넣어 잘 섞어줍니다.
02 | 윌튼화이트 색소를 넣어 앙금의 색을 조절합니다.

> **TIP**
> 백옥앙금을 사용할 경우에는 물을 섞지 않고 앙금 그대로 잘 비벼 사용합니다.

/ 순수 앙금 /

• INGREDIENTS • : 춘설앙금 400g, 백옥앙금 200g

춘설앙금과 백옥앙금을 2:1의 비율로
넣고 누런색이 하얗게 변할 때까지
비벼줍니다.

> **TIP**
> 춘설앙금은 되고 백옥앙금은 묽기 때문에 어떤 비율로 섞는지에 따라 앙금의 점도가
> 달라집니다. 본인에게 맞는 앙금의 비율(1:1 또는 3:1)로 각자 조절하여 사용할 수 있습
> 니다.

/ 생크림 앙금 /

• INGREDIENTS •   : 춘설앙금 500g, 생크림 25g, 탈지분유 10g

01 | 생크림에 탈지분유를 넣어 잘 섞어줍니다.

02 | 분당체와 주걱을 이용하여 덩어리진 것이 없도록 걸러줍니다.

03 | 앙금과 함께 잘 섞어줍니다.

생크림 앙금은 색소의 첨가 없이 색을 조금 더 환하게 만들 수 있는 장점이 있습니다.

/ 버터 앙금 /

• INGREDIENTS •   : 춘설앙금 500g, 버터 30g, 마시멜로 20g

01 | 준비된 마시멜로를 전자레인지에 10초간 1~2차례 돌려 녹입니다.

02 | 실온에 두어 말랑해진 버터와 함께 섞어줍니다.

03 | 앙금에 넣어 잘 섞어줍니다.

손의 열기에 의해 버터가 녹아 앙금 크림이 무른 느낌이 들면 냉장고에 넣었다가 사용
합니다. 강한 향의 버터를 사용할 경우 기호에 따라 거부감이 들 수도 있습니다. 버터가
차가울 경우 마시멜로와 섞이지 않고 분리될 수 있으니 주의합니다.

/ 초콜릿 앙금 /

● INGREDIENTS ● : 춘설앙금 500g, 화이트 커버춰초콜릿 50g, 윌튼화이트 색소

01 화이트초콜릿을 뜨거운 물에 중탕으로 녹여줍니다.

02 초콜릿이 녹으면 뜨거운 상태 그대로 앙금에 넣어 굳기 전에 섞어줍니다.

03 윌튼화이트 색소를 넣어 색을 조절합니다.

> **TIP**
>
> · 초콜릿 앙금은 쫀쫀하며 앙금의 향이 잘 나지 않는 것이 특징입니다.
> · **코팅초콜릿을 사용할 경우**
> 　코팅초콜릿은 커버춰초콜릿에 비해 빨리 굳어 앙금과 잘 섞이지 않을 수 있습니다.
> 　뜨거운 물에 중탕으로 완전히 녹인 후, 소량의 앙금과 재빨리 섞어줍니다. 그리고
> 　남은 앙금과 모두 함께 섞어줍니다.

Part 4

재료 계량하기

01

재료 계량과 단위 환산

모든 음식은 최적의 맛을 내기 위해
적절한 재료의 양을 배합하게 되는데, 재료의 양을 정확히 계량하기 위해서
국제적으로 통용되는 계량 도구를 사용하게 됩니다.
부피를 측정하는 도구로는 계량컵과 계량스푼이 있으며 ml 단위로 측정합니다.
또한 무게를 측정하는 전자저울은 g 단위로 측정되는 것을 사용합니다.

/ 재료 계량 방법 /

1. 쌀가루 1컵 계량하기

냉동되었던 쌀가루는 냉장해동 혹은 실온에서 해동하며,
덩어리진 쌀가루는 체에 한 번 쳐서 계량합니다. 200ml
계량컵에 쌀가루를 살살 퍼 담아 누르거나 컵을 흔들지 않고
수북하게 담은 뒤 스크래퍼나 젓가락 등으로 컵 윗면의 쌀
가루를 깎아냅니다.

> **TIP**
> ・쌀가루 1컵은 약 100g이며 담은 상태에 따라 조금씩 차이가 날 수 있습니다.
> ・떡을 만들 때는 전자저울을 사용하여 계량하는 것을 권장합니다.

2. 물 1T 계량하기

15ml의 계량스푼으로 물을 떠 담았을 때 흘러넘치지 않을
정도로 가득 담아 계량한 양을 1T라고 합니다. 1컵을 계량할
경우 계량컵을 평평한 곳에 올려 물이 넘치지 않을 정도로
담습니다.

3. 설탕과 소금 1T 계량하기

15ml의 계량스푼으로 가득 퍼 담은 후 평평하게 깎아 계량
한 양을 1T라고 합니다. 꾹꾹 누르지 않고 덩어리는 풀어서
계량합니다.

/ 단위 환산 /

떡을 만들 때 계량컵과 계량스푼이 없을 때는 저울을 사용하는데, 부피를 무게로 환산할 경우 그 수치가 재료마다 다르게 나타납니다. 무게의 기준은 '물'이며 100ml의 물의 무게는 100g입니다. (하단의 표 참고)

● 계량컵과 계량스푼으로 계량했을 때의 재료별 무게

	1t 5ml	1T 15ml	1컵 200ml	1컵 종이컵
습식 멥쌀가루	-	-	100g	90g
물	5g	15g	200g	180g
설탕	4g	12g	160g	144g
꽃소금	3g	9g	120g	108g
천일염	4g	12g	160g	144g

※쌀가루는 수분의 정도에 따라 측정량에 차이가 날 수 있습니다.
※계량 도구와 재료의 제조사에 따라 측정량이 조금씩 달라질 수 있습니다.

TIP

- 1작은술 = 1t = 5ml = 5cc
- 1큰술 = 1T = 15ml = 15cc
- 1컵 = 1C = 200ml = 200cc

/ 자주 사용되는 옛 단위 /

'한 되', '한 말' 등의 옛 단위는 지금도 시장이나 방앗간 등에서 사용되고 있으며, 이는 국제적으로 통용되는 단위로 바꾸어 부를 수 있습니다.

● 옛 단위와 국제단위

	부피			무게	
옛 단위	1홉	1되	1말	1근 (채소류)	1관
국제단위	약 180ml 180.39ml	약 1.8L 1.8039L	약 18L 18.039L	375g	3.75kg

※쌀 1되는 약 1.6kg입니다.

02

무스링 호수별
쌀가루의 양

/ 무스링 호수별 쌀가루의 양 /

무스링은 떡케이크를 만들 때 쌀가루를 채워 무스링 모양의 떡을 만들 수 있는 도구입니다.
케이크에 주로 사용하는 무스링은 원형뿐만 아니라 사각, 하트, 매화 모양도 있으며, 각
무스링마다 미니, 1호, 2호, 3호, 4호 등으로 그 크기를 구분합니다. 앙금플라워떡케이크를
만들 때는 주로 5cm와 7cm의 무스링이 사용되며, 퓨전 떡이나 전통 떡 등을 만들 때는
5cm 높이의 무스링이 주로 사용됩니다.

⦿ 무스링 호수별 쌀가루의 양 (습식 멥쌀가루)

	높이	미니 (12cm)	1호 (15cm)	2호 (18cm)	3호 (21cm)	4호 (24cm)
원형	5cm	250g (2.5컵)	400g (4컵)	600g (6컵)	800g (8컵)	1,050g (10.5컵)
	7cm	350g (3.5컵)	600g (6컵)	850g (8.5컵)	1,200g (12컵)	1,500g (15컵)
사각	5cm	350g (3.5컵)	550g (5.5컵)	800g (8컵)	—	—
	7cm	500g (5컵)	750g (7.5컵)	1,100g (11컵)	—	—
하트	5cm	200g (2컵)	350g (3.5컵)	500g (5컵)	700g (7컵)	850g (8.5컵)
	7cm	300g (3컵)	500g (5컵)	700g (7컵)	950g (9.5컵)	1,250g (12.5컵)
매화	5cm	250g (2.5컵)	400g (4컵)	550g (5.5컵)	750g (7.5컵)	1,000g (10컵)
	7cm	350g (3.5컵)	550g (5.5컵)	800g (8컵)	1,050g (10.5컵)	1,350g (13.5컵)

※쌀가루의 양은 참고 치수입니다.
　(구매처 및 쌀가루의 수분 정도 등에 따라 측정량에 차이가 날 수 있음)
※사각 무스링 3호와 4호는 측정을 생략합니다.
　(가정에서 주로 사용하는 30cm 찜기에 들어가지 않음)
※무스링의 규격은 제조사 별로 조금씩 차이가 있을 수 있습니다.
※체치기, 물주기 이전 상태의 '습식 멥쌀가루' 무게를 측정하였습니다.

/ 물과 설탕의 양 /

원하는 사이즈의 무스링을 선택하고 쌀가루의 양을 확인했다면 적절한 물과 설탕의 양을 측정합니다. **물과 설탕은 쌀가루의 약 10% 정도를 넣습니다.**

⦿ 물의 양
물은 쌀가루 100g당 약 1T를 넣습니다. 쌀가루의 수분 정도에 따라 조금씩 달라지며 상태를 체크하여 넣어줍니다.

⦿ 설탕의 양
설탕은 쌀가루 100g당 약 1T를 넣으며, 기호에 맞게 가감합니다.

TIP
　　・쌀가루 계량 : 저울　　　　　・물, 설탕 계량 : 계량스푼

Part 5

떡 만들기

01

떡 만들기 과정 백설기(습식 멥쌀가루)

꼭 기억하세요!

• 떡 만들기에서 사용되는 용어 •

➔ 물주기 하다.

쌀가루에 물을 넣고 비벼서 골고루 물을 먹이는 것을 말합니다.

➔ 체에 내린다.

물주기를 하여 몽글한 상태의 쌀가루를 체에 담고 손으로 비벼서 내려주는 것을 말합니다. 쌀가루와 물이 골고루 섞이면서 체 아래에 받친 그릇에 곱게 내려 담깁니다.

➔ 간격을 준다.

쌀가루를 담은 무스링을 동서남북 방향으로 1mm 정도 살짝 움직여 공간을 만들어 주는 것을 말합니다. 간격을 주면 떡을 찌기 전에 무스링을 조금 더 수월하게 뺄 수 있습니다.

➔ 뜸을 들인다.

높은 열을 가하여 떡을 찐 후, 일정 시간 동안 불의 세기를 낮추어 유지하는 것을 말합니다. 뜸을 들이는 동안 미처 호화되지 못한 전분 입자들을 호화시켜 더 좋은 맛과 식감을 냅니다.

떡 만들기

• 적당한 물주기 •

체에 내려준 쌀가루를 한 줌 꼭 쥐어 뭉쳐봅니다.
손가락으로 눌러 갈랐을 때 두세 조각으로 똑 떨어져 갈라지거나
손바닥 위에서 통통 튕겼을 때 산산이 부서지지 않으면 됩니다.

❶ 물주기가 덜 된 경우

쌀가루가 체에서 쉽게 내려갑니다.
상태에 따라 물을 조금 추가하고
체에 내려줍니다.

❶ 물주기가 많이 된 경우

쌀가루가 뭉쳐 체에서 잘 내려가지 않
습니다. 상태에 따라 쌀가루를 조금
추가하고 체에 한 번 더 내려줍니다.

| 준비하기 | ⋯▷ | 떡 찌기 | ⋯▷ | 떡 꺼내기 | ⋯▷ | 무스띠 두르기 |

·대나무 찜기

·스테인리스 찜기

01 물은 물솥의 반 이상 충분히 담아둡니다.

02 찜기에 면보(또는 키친타월)와 시루밑을 깔아 놓고 사용할 무스링을 준비합니다.
※스테인리스 찜기를 사용할 경우 떡의 윗면이 젖는 것을 방지하기 위해 뚜껑에 면보를
싸고 묶어줍니다.

• INGREDIENTS • : 습식 멥쌀가루 600g, 물 5~6T, 설탕 6T (원형 1호, 높이 7cm)

01 │ 쌀가루에 물을 주고 잘 비벼 골고루 물을 먹입니다.
02 │ 깊은 스테인리스볼 위에 중간체를 올리고 쌀가루를 부어줍니다.
03 │ 손바닥 전체를 이용하여 원을 그리며 쌀가루를 비벼 체에 내려줍니다.
04 │ 수분이 적당한지 확인합니다. 참고 적당한 물주기 정도 61page
     (쌀가루의 수분 상태에 따라 물을 추가했다면 중간체에 한 번 더 내려줍니다.)

05 │ 설탕을 넣어 고루 섞어줍니다. (설탕을 넣고 시간이 오래 지나면 쌀가루가 뭉칠 수 있어요.)
06 │ 찜기에 면보(또는 키친타월)와 시루밑을 깔고 무스링을 올려줍니다.
07 │ 쌀가루를 손으로 퍼 무스링에 채워줍니다.
     (무스링 벽면에도 쌀가루가 고르게 담길 수 있도록 손가락으로 가볍게 정리해줍니다.)
08 │ 윗면을 스크래퍼로 정리해줍니다.

09 │ 무스링을 동서남북 방향으로 움직여 쌀가루와 간격을 줍니다.
10 │ 무스링을 조심스럽게 빼줍니다.
11 │ 물솥에 김이 오르면 찜기를 올려 센 불에 25분간 찌고 약한 불에서 5분간 뜸을 들입
     니다.

1. 대나무 찜기

01 | 떡 뒤집개와 떡을 꺼낼 접시(또는 케이크 하판)를 준비합니다.
02 | 잘 쪄진 떡 위에 떡 뒤집개를 올려줍니다.
03 | 떡 뒤집개와 함께 모두 잡아 뒤집어줍니다.

04 | 찜기, 면보(키친타월), 시루밑을 걷어냅니다.
05 | 접시 또는 케이크 하판을 떡의 중앙에 잘 맞춰 올려줍니다.
06 | 다시 뒤집어줍니다.

2. 스테인리스 찜기

01 | 떡 뒤집개와 떡을 꺼낼 접시(또는 케이크 하판)를 준비합니다.
02 | 찜기의 높이보다 높은 스테인리스볼 위에 찜기를 놓으면 바닥판이 들립니다.
03 | 바닥판과 떡을 꺼내고 위에 떡 뒤집개를 올려줍니다.

04 | 떡 뒤집개와 함께 모두 잡아 뒤집어줍니다.
05 | 바닥판, 면보(키친타월), 시루밑을 걷어냅니다.
06 | 접시 또는 케이크 하판을 떡의 중앙에 잘 맞춰 올려준 후 다시 뒤집어줍니다.

01 | 한 김 식혀 뜨거운 기가 가시면 떡에 무스띠를 두르고 탄탄히 당겨 1cm가량 겹치게 잘라줍니다.

02 | 이형제를 벗겨 무스띠 양쪽 끝을 붙여 고정하거나 롤식 무스띠의 경우, 스티커를 붙여줍니다.

TIP

❍ 무스띠 선택

7cm 높이의 무스링을 이용하여 떡을 찔 경우 떡의 높이는 0.5~1cm가량 낮아집니다. 무스띠의 높이는 떡의 높이와 같거나 살짝 높은 것을 선택합니다.

접착식	양면테이프가 붙어 있으며, 케이크 한 개 분량으로 잘려져 있습니다. ※길이가 70cm 정도면 원형 1호~3호까지 사용할 수 있기 때문에 높이를 잘 확인한 후 선택합니다.
롤식	원하는 길이만큼 잘라서 사용하는 방식으로 투명테이프나 양면 테이프로 만나는 부분을 붙여 고정해 줍니다.

02

재료별 떡 만들기

앙금플라워떡케이크에서 가장 먼저 시선을 사로잡는 것은 앙금꽃이지만,
떡케이크의 기본은 '떡'이라는 것을 꼭 기억해주세요.
예쁜 앙금꽃을 만드는 것도 중요하지만 떡의 기본을 알고
맛있게 만드는 것 역시 매우 중요합니다.

/ 백설기 건식 멥쌀가루 /

유통과 보관이 용이하도록 건조 가공된 쌀가루에
소금과 물을 넣어 체에 내리고 설탕을 넣어 찜기에 쪄내어 완성하는
가장 기본이 되는 떡입니다.

• INGREDIENTS •

× 가루멥쌀 400g

× 물 220g

× 소금 4g

× 설탕 60g

원형 1호 ｜ 높이 7cm

준비 가루멥쌀 400g, 물 220g, 소금 4g, 설탕 60g

01
물에 소금을 넣어 녹여 소금물을 만들어
줍니다.

02
쌀가루에 소금물을 넣어 고루 비벼줍니다.

03
깊은 스테인리스볼 위에 중간체를 올리고 쌀
가루를 부어줍니다.

04
손바닥 전체를 이용하여 원을 그리며 쌀가루
를 비벼 체에 내려줍니다.

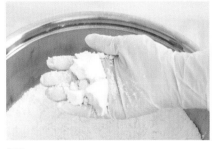

05
수분이 적당한지 확인한 후, 중간체에 한 번
더 내려줍니다.
참고 적당한 물주기 정도 61page

06
설탕을 넣어 고루 섞어줍니다. (설탕을 넣고
시간이 오래 지나면 쌀가루가 뭉칠 수 있어요.)

07|
찜기에 면보(또는 키친
타월)와 시루밑을 깔고
무스링을 올려줍니다.

08|
쌀가루를 손으로 퍼 무스링에 채워줍니
다. (무스링 벽면에도 쌀가루가 고르게
담길 수 있도록 손가락으로 가볍게 정리
해 줍니다.)

09|
윗면을 스크래퍼로 정리
해 줍니다.

10|
무스링을 동서남북 방향으로 움직여 쌀가루와
간격을 줍니다.

11|
무스링을 조심스럽게 빼줍니다.

12|
물솥에 김이 오르면 찜기를 올려 센 불에
25분간 찌고 약한 불에서 5분간 뜸을
들입니다.

13|
완성 　참고　 떡 꺼내기 63page

69

/ 흑미설기 /

백미에 비해 영양이 많고 구수한 향을 내는 흑미설기입니다.
흑미 멥쌀가루에 물을 넣어 체에 내리고
설탕을 섞어 찜기에 쪄내어 완성합니다.

• INGREDIENTS •

✕ 흑미 멥쌀가루 600g
✕ 물 5~6T
✕ 설탕 6T

원형 1호 ㅣ 높이 7cm

준비 흑미 멥쌀가루 600g, 물 5~6T, 설탕 6T

01│
쌀가루에 물을 주고 잘 비벼 골고루 물을
먹입니다.

02│
깊은 스테인리스볼 위에 중간체를 올리고
쌀가루를 부어줍니다.

03│
손바닥 전체를 이용하여 원을 그리며 쌀가루
를 비벼 체에 내려줍니다.

04│
수분이 적당한지 확인합니다.
(쌀가루의 수분 상태에 따라 물을 추가한 후
중간체에 한 번 더 내려줍니다.)
참고 적당한 물주기 정도 61page

05│
설탕을 넣어 고루 섞어줍니다. (설탕을 넣고
시간이 오래 지나면 쌀가루가 뭉칠 수 있습
니다)

06│
찜기에 면보(또는 키친타월)와 시루밑을 깔고
무스링을 올려줍니다.

08|
윗면을 스크래퍼로 정리
해 줍니다.

07|
쌀가루를 손으로 퍼 무스링에 채워줍니다. (무스링 벽면에도 쌀
가루가 고르게 담길 수 있도록 손가락으로 가볍게 정리해 줍니다.)

09|
무스링을 동서남북 방향으로 움직여 쌀
가루와 간격을 줍니다.

10|
무스링을 조심스럽게 빼줍니다.

11|
물솥에 김이 오르면 찜기를 올려 센 불에
25분간 찌고 약한 불에서 5분간 뜸을
들입니다.

12|
완성　참고　떡 꺼내기 63page

/ 단호박설기 /

물을 넣지 않고 찐 단호박으로 수분을 조절하여
쌀가루와 섞어 쪄내는 떡입니다.
단호박의 맛이 그대로 느껴지는 떡으로 색 또한 곱습니다.

• INGREDIENTS •

× 습식 멥쌀가루 550g
× 찐 단호박 8T~9T
× 설탕 5T

원형 1호 ㅣ 높이 7cm

준비 습식 멥쌀가루 550g, 찐 단호박 8T~9T, 설탕 5T

01
쌀가루에 찐 단호박을 넣어 고루 비벼
줍니다.

02
중간체에 내리고 수분이 적당한지 확인 후 한 번
더 체에 내려줍니다. (수분 상태를 보고 찐 단호박의
양을 조절해주세요.)

참고 적당한 물주기 정도 61page

03
설탕을 넣어 고루 섞어줍니다.

04
찜기에 면보(또는 키친타월)와 시루밑을 깔고 무스링
을 올려준 후 쌀가루를 채워주세요.

05
윗면을 스크래퍼로 정리해 줍니다.

07
무스링을 조심스럽게
빼줍니다.

08
물솥에 김이 오르면 찜기
를 올려 센 불에 25분간
찌고 약한 불에서 5분간
뜸을 들입니다.

06
무스링을 동서남북 방향으로 움직여 쌀
가루와 간격을 줍니다.

❍ 단호박 찌기

01
깨끗하게 씻은 단호박을 전자
레인지에 넣고 5분간 돌려
칼질이 쉽게 해 줍니다.

02
4등분으로 잘라 숟가락으로 긁어 씨를 빼냅니다.

03
단호박을 눕혀 껍질을 썰어
잘라내 줍니다.

04
밤알 크기로 잘라 찜기에 넣고
뚜껑 닫아 10분 정도 쪄줍니다.

05
젓가락으로 찔러 푹 들어가면
꺼내줍니다.

/ 자색고구마설기 /

찐 자색고구마와 쌀가루를 섞어 체에 내린 후
설탕을 넣어 쪄내는 설기입니다.
자색고구마의 진한 보랏빛이 고소한 맛을 한층 더 돋워줍니다.

• INGREDIENTS •

× 습식 멥쌀가루 500g
× 찐 자색고구마 180g
  (9T~10T)
× 설탕 5T

원형 1호 | 높이 7cm

준비 습식 멥쌀가루 500g, 찐 자색고구마 180g(9T~10T), 설탕 5T

01
쌀가루에 찐 자색고구마
를 넣어 고루 비벼줍니다.

02
중간체에 내리고 수분이 적당한지 확인
후 한 번 더 체에 내려줍니다.
(수분 상태를 보고 찐 자색고구마의 양을
조절해주세요.)

03
설탕을 넣어 고루 섞어
줍니다.

04
찜기에 면보(또는 키친타월)와 시루밑을 깔고
무스링을 올려준 후 쌀가루를 채워주세요.

05
윗면을 스크래퍼로 정리해 줍니다.

06
무스링을 동서남북 방향으로 움직여
쌀가루와 간격을 줍니다.

07
무스링을 조심스럽게 빼줍니다.

08
물솥에 김이 오르면 찜기를 올려 센 불에 25분간 찌고 약한 불에서 5분간 뜸을 들입니다.

09
완성　참고　떡 꺼내기 63page

○ 자색고구마 찌기

01
깨끗하게 씻어 껍질을 깎아 밤알 크기로 잘라줍니다.

02
찜기에 넣고 뚜껑을 닫아 10분 정도 쪄줍니다.

03
젓가락으로 찔러 푹 들어가면 꺼내줍니다.

/ 흑임자설기 /

볶은 검은깨를 갈아 쌀가루에 섞어 설기를 만듭니다.
찌고 나면 고소한 향이 은은하게 풍겨
남녀노소 누구나 편하게 즐길 수 있습니다.

• INGREDIENTS •

× 습식 멥쌀가루 600g

× 흑임자 가루 15g

× 물 5~6T

× 설탕 5T

× 흑임자 스프레드

원형 1호 ㅣ 높이 7cm

준비 습식 멥쌀가루 600g, 흑임자 가루 15g, 물 5~6T, 설탕 5T, 흑임자 스프레드

01
쌀가루와 흑임자 가루를 섞은 후, 물을
주고 고루 비벼줍니다.

02
중간체에 한 번 내리고 수분이 적당한지 확인 후
한 번 더 체에 내려줍니다. (물의 양은 쌀가루의
수분 상태에 따라 조절해 주세요.)

참고 적당한 물주기 정도 61page

03
쌀가루에 설탕을 넣어 고루 섞어
줍니다.

04
찜기에 면보(또는 키친타월)와 시루밑을 깔고 무스링을
올려준 후 쌀가루를 무스링의 1/3쯤 채워주세요.

05
흑임자 스프레드를 수저로 군데군데 넣거나 짤주머니
에 담아 두껍지 않게 넣어줍니다.

06|
무스링의 2/3 정도 쌀가루를 채우고 흑임자
스프레드를 넣어줍니다. 남은 쌀가루를 채운
뒤 윗면을 스크래퍼로 정리해 줍니다.

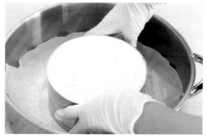

07|
무스링을 움직여 간격을 준 뒤 조심스럽게
빼줍니다.

08|
물솥에 김이 오르면 찜기를 올려 센
불에 25분간 찌고 약한 불에서 5분간
뜸을 들입니다.

09|
완성 　참고　 떡 꺼내기 63page

---

❷ 흑임자 스프레드 만들기 (2배 분량)

> **• INGREDIENTS**
> 우유 100g, 흑임자 가루 45g, 설탕 40g, 볶은 콩가루 8g, 소금 1/4t

01|
모든 재료를 냄비에 넣어 섞어
줍니다.

02|
센 불에서 저으면서 끓이다가
끓기 시작하면 약한 불로 줄여서
졸여줍니다.

03|
주걱으로 퍼 들었을 때 주르륵
흘러 떨어지면 적당한 정도입
니다.

/ 녹차설기 /

녹차스프레드를 필링으로 넣은
달콤하고 쌉쌀한 맛의 퓨전 떡입니다.

• INGREDIENTS •

✗ 습식 멥쌀가루 600g
✗ 녹차 가루 7g
✗ 물 5~6T
✗ 설탕 5T
✗ 녹차 스프레드

원형 1호 ǀ 높이 7cm

준비 습식 멥쌀가루 600g, 녹차 가루 7g, 물 5~6T, 설탕 5T, 녹차 스프레드

01
쌀가루와 녹차 가루를 섞은 후,
물을 주고 고루 비벼줍니다.

02
중간체에 한 번 내리고 수분이 적당한지 확인합니다. (물의
양은 쌀가루의 수분 상태에 따라 조절해주세요.)

참고 적당한 물주기 정도 61page

03
설탕을 넣어 고루 섞어줍니다.

04
찜기에 면보(또는 키친타월)와 시루밑을 깔고 무스링
을 올려준 후 쌀가루를 반쯤 채워주세요.

05
녹차 스프레드를 1/2T 정도씩 군데군데 넣
어줍니다.

06
남은 쌀가루를 채우고 윗면을 스크래퍼로 정리
해 줍니다.

07|
무스링을 움직여 간격을 준 뒤 조심스럽게 빼줍니다.

08|
물솥에 김이 오르면 찜기를 올려
센 불에 25분간 찌고 약한 불에서
5분간 뜸을 들입니다.

09|
완성　참고　떡 꺼내기 63page

❍ 녹차 스프레드 만들기 (2배 분량)

- **INGREDIENTS**
  생크림 100g, 우유 70g, 녹차 가루 5g, 설탕 35g, 소금 약간

01|
모든 재료를 냄비에 넣어 섞어
줍니다. (녹차가 잘 풀어지지
않으면 체에 걸러 주세요.)

02|
센 불에서 저으면서 끓이다가
끓기 시작하면 약한 불로 줄여
졸여줍니다.

03|
주걱으로 퍼 들었을 때 주르륵
흘러 떨어지면 적당한 정도
입니다.

/ 딸기설기 /

쌀가루에 물 대신 딸기를 으깨 넣어 수분을 맞추고 떡을 찝니다.
필링으로 딸기잼을 넣으면 상큼하고 달콤함이 느껴지며
아이들도 좋아합니다.

• INGREDIENTS •

× 습식 멥쌀가루 600g

× 딸기 60g

× 설탕 5T

× 홍국쌀가루 1/4t(생략 가능)

× 딸기잼

원형 1호 ㅣ 높이 7cm

91

준비 습식 멥쌀가루 600g, 딸기 60g, 설탕 5T, 홍국쌀가루 1/4t(생략 가능), 딸기잼

01
딸기를 다지거나 통으로 넣어 으깨면서 쌀가루와 고루 비벼줍니다.
(딸기는 한 번에 모두 넣지 않고 남겨두었다가 수분 부족 시 사용합니다.)

02
중간체에 한 번 내리고 수분이 적당한지 확인합니다. (쌀가루의 수분 상태에 따라 물이나 딸기로 조절하고 한 번 더 체에 내려주세요.)
참고 적당한 물주기 정도 61page

03
체로 걸러내지 못한 딸기는 버립니다.

04
쌀가루에 설탕과 홍국쌀가루를 넣어 고루 섞어줍니다.

05
찜기에 면보(또는 키친타월)와 시루밑을 깔고 무스링을 올려준 후 쌀가루를 반쯤 채워주세요. 딸기잼을 넣어줍니다.

06
남은 쌀가루를 채운 후 윗면을 스크래퍼로 정리해 줍니다.

07|
무스링을 움직여 간격을 준 뒤 조심스럽게 빼줍니다.

08|
물솥에 김이 오르면 찜기를 올려 센 불에 25분간 찌고, 약한 불에서 5분간 뜸을 들입니다.

09|
완성 참고 떡 꺼내기 63page

---

❷ **딸기잼 만들기 (2배 분량)**

> • INGREDIENTS
> 딸기 120g, 설탕 60g, 소금 약간, 레몬즙 1/2t(생략 가능)

01|
딸기를 흐르는 물에 씻어 꼭지를 따고 4~6등분으로 잘라 설탕을 넣고 버무려 줍니다.

02|
가끔 저어주며 설탕을 반 이상 녹여줍니다.

03|
저으면서 끓이다가 끓기 시작하면 약한 불로 줄여서 졸여줍니다. 소금과 레몬즙을 넣어 맛을 조절하고 불을 끕니다.

TIP
· 산도(Ph)가 높은 과일이 떡에 첨가되면 노화가 촉진될 수 있으니 가급적 빨리 먹는 것이 좋습니다. 제철이 아닐 시 냉동 딸기를 사용하며, 딸기잼은 구매 또는 생략 할 수 있습니다.

/ 블루베리설기 /

블루베리를 갈아 즙과 함께 쌀가루에 섞어 떡을 찝니다.
블루베리잼을 만들어 넣으면 달콤한 맛과
블루베리의 풍부한 향이 더해집니다.

• INGREDIENTS •

× 습식 멥쌀가루 600g

× 블루베리 60g

× 설탕 5T

× 블루베리잼

원형 1호 ┃ 높이 7cm

준비 습식 멥쌀가루 600g, 블루베리 60g, 설탕 5T, 블루베리잼

01 블루베리를 다지거나 갈아 쌀가루에 넣고 고루 비벼줍니다. (블루베리는 한 번에 모두 넣지 않고 남겨두었다가 수분 부족 시 사용합니다.)

02 중간체에 한 번 내리고 수분이 적당한지 확인합니다. (쌀가루의 수분 상태에 따라 물이나 블루베리로 조절하고 한 번 더 체에 내려주세요.)

참고 적당한 물주기 정도 61page

03 체로 걸러내지 못한 블루베리는 버립니다.

04 쌀가루에 설탕을 넣어 고루 섞어 줍니다.

05 찜기에 면보(또는 키친타월)와 시루밑을 깔고 무스링을 올려준 후 쌀가루를 반쯤 채워주세요. 블루베리잼을 군데군데 넣어 줍니다.

06 남은 쌀가루를 채우고 윗면을 스크래퍼로 정리 해 줍니다.

07|
무스링을 움직여 간격을 준
뒤 조심스럽게 빼줍니다.

08|
물솥에 김이 오르면 찜기를
올려 센 불에 25분간 찌고
약한 불에서 5분간 뜸을 들
입니다.

09|
완성   참고   떡 꺼내기 63page

➲ 블루베리잼 만들기 (2배 분량)

> • INGREDIENTS
> 블루베리 140g, 설탕 70g, 소금 약간, 레몬즙 1/2t(생략 가능)

01|
블루베리에 설탕을 넣고 버무려
줍니다.

02|
가끔 저어주며 설탕을 반 이상
녹여줍니다.

03|
저으면서 끓이다가 끓기 시작
하면 약한 불로 줄여서 졸여
줍니다. 소금과 레몬즙을 넣어
맛을 조절하고 불을 끕니다.

> **TIP**
> • 산도(Ph)가 높은 과일이 떡에 첨가되면 노화가 촉진될 수 있으니 가급적 빨리 먹는
> 것이 좋습니다. 제철이 아닐 시 냉동 블루베리를 사용하며 블루베리잼은 구매 또는
> 생략할 수 있습니다.

/ 견과설기 /

견과류를 전처리하여 조린 후 쌀가루와 섞어 쪄냅니다.
고소한 맛뿐만 아니라 씹히는 재미까지 있으며
식사 대용으로도 손색없고 건강까지 생각한 떡입니다.

• INGREDIENTS •

× 습식 멥쌀가루 550g
× 코코아 가루 2g
× 물 4~5T
× 설탕 5T

부재료
견과류 120g (아몬드슬라이스,
해바라기씨, 호두 분태), 설탕 2T,
소금 약간, 계핏가루 약간, 물엿 1/2T

원형 1호 ㅣ 높이 7cm

준비 습식 멥쌀가루 550g, 코코아 가루 2g, 물 4~5T, 설탕 5T (**부재료** : 견과류 120g (아몬드 슬라이스, 해바라기 씨, 호두 분태), 설탕 2T, 소금 약간, 계핏가루 약간, 물엿 1/2T)

01|
견과류를 한데 넣어 뜨거운 물을 붓고 5분 이상 담가줍니다.

02|
체에 밭쳐 흐르는 물로 불순물을 제거하고 냄비에 담아 설탕, 소금, 계핏가루를 넣어 섞어줍니다.

03|
중간 불에서 저어가며 수분을 날려줍니다. 불을 끄고 물엿을 넣은 후 식혀주세요.

04|
쌀가루에 코코아 가루를 넣어 섞어줍니다.

05|
쌀가루에 물을 주고 고루 비벼줍니다.

06|
중간체에 한 번 내리고 수분이 적당한지 확인합니다. (물의 양은 쌀가루의 수분 상태에 따라 조절해주세요.)

참고 적당한 물주기 정도 61page

07
쌀가루에 설탕과 조린 견과류를 넣어 섞어줍니다.

08
찜기에 면보(또는 키친타월)와 시루 밑을 깔고 무스링을 올려준 후 쌀가루를 채워주세요.

09
윗면을 스크래퍼로 정리해 줍니다.

> **TIP**
> • 쌀가루를 무스링에 채울 때 견과류가 섞이지 않은 쌀가루를 위쪽에 채우면 윗면을 스크래퍼로 정리하기 좋습니다.

10
무스링을 움직여 간격을 준 뒤 조심스럽게 빼줍니다.

11
물솥에 김이 오르면 찜기를 올려 센 불에 25분간 찌고, 약한 불에서 5분간 뜸을 들입니다.

12
완성　**참고**　떡 꺼내기 63page

/ 영양설기 /

밤, 대추, 검은콩, 호박고지 등을 쌀가루와 함께 섞어 쪄냅니다.
전통적인 맛에 영양까지 더해진 떡으로
잔치 때에도 잘 어울리는 맛있는 떡입니다.

• INGREDIENTS •

× 습식 멥쌀가루 550g

× 물 4~5T

× 설탕 5T

부재료
깐 밤 4개(50g), 대추 4개(15g),
검은콩 20g, 호박고지 10g, 설탕
1/2t

원형 1호 ㅣ 높이 7cm

습식 멥쌀가루 550g, 물 4~5T, 설탕 5T (**부재료** : 깐 밤 4개(50g), 대추 4개(15g), 검은 콩 20g, 호박고지 10g, 설탕 1/2t)

01|
밤은 껍질을 까고 대추는 깨끗한 키친타월로 닦은 후, 6등분으로 잘라줍니다.

02|
검은콩은 불렸다가 5분 정도 삶아 건져줍니다. 호박고지는 따뜻한 물에 10분 정도 불렸다가 건져 2cm 정도로 자르고 설탕에 버무려 주세요.

03|
쌀가루에 물을 주고 고루 비벼줍니다.

04|
중간체에 한 번 내리고 수분이 적당한지 확인합니다. (물의 양은 쌀가루의 수분 상태에 따라 조절해주세요.)

참고 적당한 물주기 정도 61page

05|
쌀가루에 설탕과 손질한 부재료를 넣어 섞어줍니다. (대추는 쌀가루에 넣기 전에 물에 한 번 적셔 넣어주세요.)

06
찜기에 면보(또는 키친타월)와 시루밑을 깔고 무스링을 올려준 후 쌀가루를 채워주세요.

07
윗면을 스크래퍼로 정리해 줍니다.

08
무스링을 움직여 간격을 준 뒤 조심스럽게 빼줍니다.

09
물솥에 김이 오르면 찜기를 올려 센 불에 25분간 찌고, 약한 불에서 5분간 뜸을 들입니다.

10
완성 참고 떡 꺼내기 63page

> **TIP**
>
> • 건조한 대추를 넣어 설기를 찔 경우 대추 주변의 쌀가루가 익지 않을 수 있으니 쌀가루에 넣기 전에 물에 적셔주세요. 호박고지 대신 곶감을 대추와 비슷한 크기로 잘라 넣어도 맛있습니다.

/ 커피설기 /

커피믹스를 이용하여 커피물을 만들고
쌀가루와 섞어 쪄냅니다.
커피향 오일을 넣어 향이 풍부하며
자극적이지 않은 맛을 냅니다.

• INGREDIENTS •

× 습식 멥쌀가루 600g

× 물 5~6T

× 인스턴트 커피믹스 2개

× 로띠카페 1/2t

× 설탕 4T

원형 1호 | 높이 7cm

준비 습식 멥쌀가루 600g, 물 5~6T, 인스턴트 커피믹스 2개, 로띠카페 1/2t, 설탕 4T

01
따뜻한 물 5T에 커피믹스를 녹이고 로띠카페를
섞어 커피물을 만들어줍니다.

02
쌀가루에 커피물을 넣고 고루 비벼줍니다.

03
중간체에 한 번 내리고 수분이 적당한지 확인
합니다. (쌀가루의 수분 상태에 따라 조절해
주세요.)

참고 적당한 물주기 정도 61page

04
쌀가루에 설탕을 넣어 고루 섞어줍니다.

05
찜기에 면보(또는 키친타월)와 시루밑을 깔고
무스링을 올려준 후 쌀가루를 채워주세요.

06
윗면을 스크래퍼로 정리해 줍니다.

07
무스링을 움직여 간격을 준 뒤 조심스럽게 빼줍니다.

08
물솥에 김이 오르면 찜기를 올려 센 불에 25분간 찌고, 약한 불에서 5분간 뜸을 들입니다.

09
완성　참고　떡 꺼내기 63page

TIP

· 로띠카페는 커피 향이 나는 액상형 커피 에센스이며 생략할 수 있습니다. 인스턴트 커피믹스 대신 에스프레소를 넣을 경우 설탕의 양을 조절해 줍니다.

/ 초코설기 /

쌀가루에 코코아 가루를 넣어 색을 낸 떡입니다.
중탕으로 녹인 초콜릿을 필링으로 넣어 달콤하며
아이들을 위한 간식으로도 좋습니다.

• INGREDIENTS •

× 습식 멥쌀가루 600g
× 무가당 코코아 가루 7g
× 물 5~6T
× 설탕 5T
× 초콜릿 35g

원형 1호 ㅣ 높이 7cm

준비 습식 멥쌀가루 600g , 무가당 코코아 가루 7g, 물 5~6T, 설탕 5T, 초콜릿 35g

01
짤주머니에 초콜릿을 넣어 따끈한 물이
담긴 머그컵에 담가 녹여줍니다.

02
쌀가루에 코코아 가루를 섞어줍니다.

04
중간체에 한 번 내리고 수분이 적당한지 확인
합니다. (쌀가루의 수분 상태에 따라 조절해
주세요.)
참고 적당한 물주기 정도 61page

03
물을 넣어 고루 비벼줍니다.

05
쌀가루에 설탕을 넣어 고루 섞어줍니다.

06|
찜기에 면보(또는 키친타월)와 시루밑을 깔고 무스링을 올려준 후 쌀가루를 무스링의 1/3쯤 채워주세요.

07|
녹인 초콜릿을 군데군데 넣어줍니다. 쌀가루를 채우고 초콜릿을 넣는 것을 한 번 더 반복합니다.

08|
윗면을 스크래퍼로 정리해 줍니다.

09|
무스링을 움직여 간격을 준 뒤 조심스럽게 빼줍니다.

10|
물솥에 김이 오르면 찜기를 올려 센 불에 25분간 찌고 약한 불에서 5분간 뜸을 들입니다.

11|
완성   참고   떡 꺼내기 63page

/ 무지개설기 /

천연가루로 색을 낸 쌀가루를 무스링에
층을 내어 담아 쪄낸 무지개무늬의 떡으로
앙금꽃으로 꾸미지 않아도 예쁜 떡입니다.

• INGREDIENTS •

✕ 습식 멥쌀가루 550g

✕ 물 4~5T

✕ 설탕 5T

✕ 홍국쌀가루 1/4t

✕ 단호박 가루 1t

✕ 녹차 가루 1t

✕ 자색고구마 가루 1/2t

원형 1호 ㅣ 높이 7cm

준비 습식 멥쌀가루 550g, 물 4~5T, 설탕 5T, 홍국쌀가루 1/4t, 단호박 가루 1t, 녹차 가루 1t, 자색고구마 가루 1/2t

01|
쌀가루에 물을 주고 고루 비벼줍니다.

02|
중간체에 한 번 내리고 수분이 적당한지 확인합니다. (물의 양은 쌀가루의 수분 상태에 따라 조절해 주세요.)

참고 적당한 물주기 정도 61page

03|
쌀가루의 무게를 확인하고 다섯 그릇에 나누어 담은 후, 각각 천연가루를 넣어 섞어 줍니다.

04|
연한 색 쌀가루부터 차례로 중간체에 내려주세요.

05|
각각 1T씩 설탕을 넣고 고루 섞어줍니다.

06|
찜기에 면보(또는 키친타월)와 시루밑을 깔고 무스링을 올려줍니다. 쌀가루를 채우고 손잡이 스크래퍼로 정리하는 것을 색별로 반복해 줍니다.

07|
윗면을 스크래퍼로 정리해 줍니다.

08|
무스링을 움직여 간격을 준 뒤 조심스럽게
빼줍니다.

09|
물솥에 김이 오르면 찜기를 올려 센
불에 25분간 찌고, 약한 불에서 5분간
뜸을 들입니다.

10|
완성   참고   떡 꺼내기 63page

> **TIP**
> • 천연가루를 쌀가루에 넣고 섞지 않은 상태로 두면 수분을 흡수하면서 뭉칠 수 있
> 으니 빨리 섞어주는 것이 좋습니다.

/ 러블리설기 /

천연가루나 식용색소로 쌀가루에 색을 내어
정해진 규칙 없이 자유롭게 무스링에 담아 쪄낸
알록달록한 떡입니다.

• INGREDIENTS •

× 습식 멥쌀가루 600g

× 물 5~6T

× 설탕 6T

× 홍국쌀가루 1/3t

× 단호박 가루 1t

× 청치자 가루 약간

원형 1호 ｜ 높이 7cm

준비 습식 멥쌀가루 600g, 물 5~6T, 설탕 6T, 홍국쌀가루 1/3t, 단호박 가루 1t, 청치자 가루 약간

02
중간체에 한 번 내리고 수분이 적당한지 확인합니다.
(물의 양은 쌀가루의 수분 상태에 따라 조절해주세요.)
참고 적당한 물주기 정도 61page

01
쌀가루에 물을 주고 고루 비벼줍니다.

03
쌀가루의 무게를 확인하고 네 그릇에 나누어 담습니다.

04
각각 천연가루를 넣어 섞어줍니다.

05
연한 색 쌀가루부터 차례로 중간체에 내려주세요.

06
각각 수북하게 1T씩 설탕을 나누어 넣고 고루 섞어줍니다.

07|
찜기에 면보(또는 키친타월)와 시루밑을 깔고 무스링을
올려준 후 네 가지 색의 쌀가루를 교대로 넣어 채워줍
니다.

08|
윗면을 스크래퍼로 정리하고 무스
링을 움직여 간격을 준 뒤 조심
스럽게 빼줍니다.

09|
물솥에 김이 오르면 찜기를 올려 센
불에 25분간 찌고, 약한 불에서 5분간
뜸을 들입니다.

10|
완성   참고   떡 꺼내기 63page

<h1 style="text-align:center">*03*</h1>

타입별 떡 만들기

/ 컵설기 /

작은 컵케이크는 보기만 해도 사랑스럽고 선물로도 부담스럽지 않아요. 홈파티에도
테이블을 빛내줄 수 있는 귀여운 설기입니다. 반구형으로 꽃을 배열할 때 풍성한 꽃
들의 안쪽을 채우기에도 매우 좋습니다. 케이크 하판에 구멍을 낸 컵설기 전용 상자나 뚜껑이
있는 투명컵에 포장합니다.

- **INGREDIENTS** : 습식 멥쌀가루 450g, 물 4T~4.5T, 설탕 4T, 초코칩 3T
- **QUANTITY** : 실리콘 머핀컵大 5개

01 | 쌀가루에 물을 주고 고루 비벼줍니다.

02 | 중간체에 한 번 내리고 수분이 적당한지 확인합니다.
　　(물의 양은 쌀가루의 수분 상태에 따라 조절해주세요.)

03 | 쌀가루에 설탕을 넣어 고루 섞어줍니다.

04 | 쌀가루를 실리콘 컵에 반쯤 채우고 초코칩을 넣은 후 쌀가루를 채워줍니다.

05 | 쌀가루가 갈라지지 않도록 조심스럽게 찜기에 넣어줍니다.

06 | 물솥에 김이 오르면 찜기를 올려 센 불에 20분간 찌고, 약한 불에서 5분간 뜸을 들입니다.

07 | 쟁반에 실리콘 컵을 뒤집어 떡을 분리한 후 유산지컵을 덮어줍니다.

08 | 실리콘 컵에 담아 놓으면 유산지가 떡에 잘 붙습니다.

> **TIP**
>
> · 실리콘 몰드를 사용할 경우 일반적인 백설기 보다 물의 양을 조금 더 늘려주세요.
> · 스테인리스 설기머핀컵을 사용할 경우, 약 550g(5개 분량)의 쌀가루가 필요합니다.

/ 몰드설기 /

실리콘 몰드는 그 모양과 크기가 다양하며 쌀가루를 넣어 쪘을 때 몰드의 모양이 그대로 나타나서 앙금꽃 한 송이만으로도 예쁘게 꾸밀 수 있습니다. 화과자 원형 케이스 등에 포장하여 상자에 담습니다.

1. 반구설기

- **INGREDIENTS** · : 습식 멥쌀가루 350g, 물 3~3.5T, 설탕 3.5T
- **QUANTITY** · : 반구몰드 10개 분량

01 | 쌀가루에 물을 주고 고루 비벼줍니다.

02 | 중간체에 한 번 내리고 수분이 적당한지 확인합니다.
(물의 양은 쌀가루의 수분 상태에 따라 조절해주세요.)

03 | 쌀가루에 설탕을 넣어 고루 섞어줍니다.

04 | 몰드에 쌀가루를 담아 줍니다.

05 | 찌고 난 뒤 높이가 낮아지므로 쌀가루의 윗면은 살짝 봉긋하게 다듬어줍니다.

06 | 몰드 안의 쌀가루가 갈라지지 않도록 조심스럽게 찜기에 넣어줍니다.

 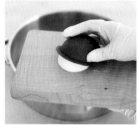 

07 | 물솥에 김이 오르면 찜기를 올려 센 불에 20분간 찌고, 약한 불에서 5분간 뜸을 들입니다.

08 | 쟁반에 몰드를 뒤집어 떡을 분리해 줍니다. 떡이 마르지 않도록 위생 비닐로 덮어줍니다.

> **TIP**
>
> 실리콘 몰드를 사용할 경우 일반적인 백설기보다 물의 양을 조금 더 늘려주세요.

2. 구겔설기

- • INGREDIENTS • : 습식 멥쌀가루 470g, 물 4~4.5T, 설탕 4.5T
- •   QUANTITY   • : 구겔몰드 10개 분량

⇢ 만드는 법 | 123~124page 참고

3. 키티설기

- • INGREDIENTS • : 습식 멥쌀가루 350g, 물 3~3.5T, 설탕 3.5T
- •   QUANTITY   • : 키티몰드 10개 분량

⇢ 만드는 법 | 123~124page 참고

4. 도넛설기

- **INGREDIENTS** • : 습식 멥쌀가루 230g, 물 2T, 설탕 2T
- **QUANTITY** • : 도넛몰드 10개 분량

✣ **만드는 법** | 123~124page 참고

TIP

· 실리콘 몰드를 사용할 경우 일반적인 백설기 보다 물의 양을 조금 더 늘려주세요.
· 키티설기의 얼굴이 선명하게 나오려면 쌀가루를 얇게 담아 살짝 눌러준 후 마저 채워
  줍니다.

/ 시폰형설기 /

시폰케이크 모양의 떡으로, 만들기가 번거롭지만 조금 더 화려하고 특별해 보일 수 있습니다. 안쪽이 뚫린 도넛 모양이며 떡 마름을 방지하기 위해 안쪽과 바깥쪽 모두 무스띠를 둘러 줍니다. 시폰형 케이크라는 것이 느껴질 수 있도록 많은 앙금꽃을 올리기보다 여백을 두어 개성을 살리는 꽃 배열법을 선택합니다.

- **INGREDIENTS** • : 습식 멥쌀가루 600g, 물 5~6T, 설탕 6T
- **SIZE** • : **바깥쪽 무스링** - 2호 (지름 18cm, 높이 7cm)
            안쪽 무스링   - 소형 (지름 7cm, 높이 7cm)

01 | 쌀가루에 물을 주고 고루 비벼줍니다.
02 | 중간체에 한 번 내리고 수분이 적당한지 확인합니다.
      (물의 양은 쌀가루의 수분 상태에 따라 조절해주세요.)
03 | 쌀가루에 설탕을 넣어 고루 섞어줍니다.

04 | 찜기에 면보(또는 키친타월)와 시루밑을 깔고 2호 무스링과 소형 무스링을 도넛 모양으로 배치합니다. 쌀가루를 채워주세요.

05 | 스크래퍼로 윗면을 정리합니다.

06 | 무스링을 동서남북 방향으로 살짝 움직여 간격을 줍니다.

07 | 안쪽 무스링과 바깥쪽 무스링을 조심스럽게 빼줍니다.

08 | 물솥에 김이 오르면 찜기를 올려 센 불에 25분간 찌고, 약한 불에서 5분간 뜸을 들입니다.

/ 조각설기 /

삼각형의 조각 케이크 모양으로 케이크 하판에 7~8개의 조각설기를 올려 한 개의 케이크 처럼 연출할 수 있습니다. 조각 케이크 케이스에 낱개로 담아 포장하기도 합니다.

- **INGREDIENTS** •   : 습식 멥쌀가루 440g, 물 3.5~4T, 설탕 4T, 천연가루
(치즈 가루 2t, 쑥 가루 1t, 코코아 가루 1t, 계핏가루 1/2t)
- **QUANTITY** •   : 조각 케이크틀 4개 분량

01 ⎮ 쌀가루에 물을 주고 고루 비벼줍니다.

02 ⎮ 중간체에 한 번 내리고 수분이 적당한지 확인합니다.
   (물의 양은 쌀가루의 수분 상태에 따라 조절해주세요.)

03 ⎮ 무게를 재어 4개의 그릇에 나누어 담고 원하는 천연가루를 넣어줍니다.

04 ⎮ 각각 중간체에 한 번씩 내려줍니다.

05 ⎮ 설탕을 1T씩 넣어 고루 섞어주세요.

06 ⎮ 찜기에 면보(또는 키친타월)와 시루밑을 깔고 케이크 틀을 올려준 후 쌀가루를 채워
   줍니다.

07 ⎮ 스크래퍼로 윗면을 정리합니다.

08 ⎮ 틀을 조심스럽게 빼주세요. 물솥에 김이 오르면 찜기를 올려 센 불에 20분간 찌고, 약한
   불에서 5분간 뜸을 들입니다.

/ 2단 케이크 /

환갑, 고희, 결혼, 약혼, 돌 등 생일이나 기념일에 꼭 필요한 것이 바로 케이크입니다. 케이크는 파티의 성격, 하객수, 모임 장소의 규모 등에 따라 크기가 달라지며, 2단뿐만 아니라 3단 케이크를 만들 수도 있습니다.. 높이가 높기 때문에 플라워케이크 전용 높은 상자를 사용해야 하며, 떡의 무게 또한 무거워서 많은 앙금꽃을 올리기 보다 개수를 적절히 조절하는 것이 좋습니다.

◑ 무스링 사이즈 비교

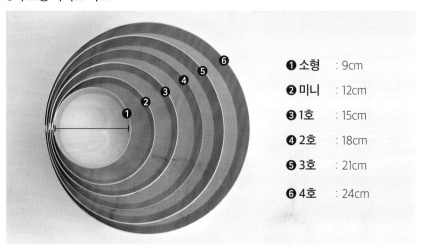

❶ 소형 : 9cm

❷ 미니 : 12cm

❸ 1호 : 15cm

❹ 2호 : 18cm

❺ 3호 : 21cm

❻ 4호 : 24cm

◑ 2단 케이크의 조합

2단 케이크 1호

2단 케이크 2호

2단 케이크 3호

2단 케이크 4호

자주 하는 Q&A

Q1 설기떡은 어떻게 보관할까?

➔ 실온 보관
당일에 먹을 경우 실온에 잠시 둘 수 있습니다. 시간이 지날수록 떡이 노화되어 딱딱해져 맛과 식감이 떨어지므로 24시간 이내에 먹도록 합니다. 여름철에는 금방 상할 수 있으므로 주의합니다.

➔ 냉장 보관
떡은 냉장 상태에서 노화가 가장 빨리 진행되어 딱딱한 상태로 됩니다. 잠깐 떡을 식히는 경우가 아니라면 가급적 냉장 보관은 피합니다.

➔ 냉동 보관
언제 먹을지 모르는 경우, 현재의 식감 그대로 유지하고 싶을 경우에 냉동 보관 합니다. 밀폐 용기나 위생 비닐에 날짜가 적힌 이름표를 붙여 보관합니다. 냉동고의 환경이나 떡의 상태에 따라 보관 기간이 달라짐을 하여 가급적 빨리 먹습니다.

Q2 보관했던 설기떡 먹는 법은?

➔ 냉동 보관된 설기떡
냉동 보관된 떡을 실온에 꺼내 놓아 딱딱함이 없어질 정도로 녹으면 찜기에 찌거나 전자레인지에 데워먹습니다.
· **찜기에 찌기** : 떡과 앙금꽃을 분리한 뒤 떡만 찜기에 찝니다. 말랑해질 때까지 약 15~20분간 쪄주세요. 냉동 보관하여 언 떡을 해동 과정 없이 찔 경우 시간이 더 소요될 수 있습니다.
· **전자레인지에 데우기** : 떡과 앙금꽃을 분리한 뒤 떡만 따뜻한 물이 담긴 물컵과 함께 데우거나 유리 식기에 담아 뚜껑을 닫고 말랑해질 때까지 데웁니다. 분리 했던 앙금꽃은 떡과 함께 먹습니다.

➔ 냉장 보관된 설기떡
떡과 앙금꽃을 분리한 뒤 찜기에 찌거나 전자레인지에 데운 뒤 앙금꽃과 함께 먹습니다.

Q3 쌀가루는 몇 번 체쳐야 할까?

➔ 한 번
백설기 만드는 방법과 같이 쌀가루에 물과 설탕만 넣을 경우

➔ 두 번(또는 세 번)
· 쌀가루에 녹차 가루, 단호박 가루 등 가루 재료를 섞을 경우
· 쌀가루에 찐 단호박, 생딸기 등의 수분이 있는 부재료와 섞었을 경우
· 쌀가루에 수분이 부족하여 물을 추가하였거나 부재료를 추가했을 경우

Q4 떡이 왜 갈라지지?

- **필 링** : 필링이 많이 들어갔거나 한쪽으로 쏠려 있을 경우
- **설 탕** : 설탕을 넣지 않았거나 지나치게 양을 줄였을 경우
- **물주기** : 물주기가 덜 되어서 쌀가루가 건조할 경우
- **무스링**
  · 무스링을 뺄 때 간격을 많이 주어 찌기 전부터 갈라졌을 경우
  · 쌀가루를 채울 때 바깥쪽 부분은 살살 채워지고 가운데 부분은 꽉꽉 채워졌을 경우

Q5 떡 밑이 왜 젖을까?

- **물의 양** : 물솥에 물의 양이 많아 물이 끓으면서 떡 밑에 닿을 경우
- **면보나 키친타월**
  · 시루밑 아래에 면보나 키친타월을 깔지 않았을 경우(스테인리스 찜기 사용 시)
  · 젖은 면보나 젖은 키친타월을 깔았을 경우(스테인리스 찜기 사용 시)에 떡 밑이 끈적일 수 있습니다.
    ※대나무 찜기는 마른 면보나 키친타월을 깔지 않아도 떡 밑이 잘 젖지 않지만 세척의 편리함과 찜기의 수명을 위해 키친타월을 깔고 사용합니다.
- **무스링** : 무스링을 빼지 않고 5분 이상 찔 경우(스테인리스 찜기 사용 시) 떡 밑이 젖습니다.

Q6 떡의 겉면에 날가루가 보이는 이유는?

- **물주기** : 물주기가 덜 되어서 쌀가루가 건조할 경우
- **무스링** : 무스링을 빼지 않고 떡을 쪘을 경우
          찌는 도중에 무스링을 뺄 경우
- **시 간** : 물주기 후 빠른 시간 안에 찌지 않아 쌀가루의 수분이 날아가 건조해졌을 경우에 날가루가 보입니다.

Q7 꽃잎 끝이 갈라지는 이유는?

- **깍 지** : 국산 깍지에 비해 윌튼(수입) 깍지가 덜 갈라집니다.
- **속 도** : 꽃받침을 돌리는 속도가 앙금을 짜는 속도보다 빠를 경우
- **앙 금** : 앙금이 너무 될 경우
- **깍지 개조방법**
  · 깍지의 머리와 꼬리의 두께 차이가 크게 날 경우
  · 깍지의 꼬리 부분이 너무 좁고 뾰족할 경우 갈라집니다.

Q8 백설기의 색이 왜 누렇게 된 걸까?

알룰로스, 자일로스 등 기능성 설탕을 넣어 백설기를 찌면
색이 누렇게 되므로 백설탕을 사용합니다.

Q9 앙금꽃은 언제 만들어야 할까?

➲ 떡 찌기 전
시간적인 여유가 있다면 케이크를 만드는 당일, 떡을 찌기 전에 미리 앙금꽃을
만들어 둡니다.

➲ 떡 찐 후
케이크를 만드는 당일에 떡을 찌는 동안 혹은 떡을 식히는 동안 틈틈이 앙금
꽃을 만들거나 떡을 찐 다음에 앙금꽃을 만들어 떡에 올립니다.

➲ 케이크 만들기 하루 이틀 전
빠른 시간 내에 케이크를 완성하기 힘들 때는 하루 이틀 전 미리 앙금꽃을 만들어
냉장 또는 냉동 보관합니다.
※앙금꽃은 떡의 뜨거운 기가 가신 후에 올려주세요.

Q10 앙금꽃은 어떻게 보관할까?

➲ 보관 용기의 선택
냄새를 차단하기 위해 뚜껑이 있는 밀폐 용기에 보관하는 것이 좋습니다. 높이가
낮은 용기의 경우 앙금꽃을 넣고 빼기 편리하며, 보관 시 부피를 덜 차지하게
됩니다. 많은 양의 앙금꽃을 넣으려면 넓은 것이 좋으며 쉽게 구분할 수 있도록
투명한 통을 선택합니다.

· 밀폐 용기를 뒤집어 뚜껑에 앙금꽃을 올려 보관
하면 꽃을 꺼낼 때 간섭되는 부분이 적어 쉽게
꺼낼 수 있습니다.

➲ 실온에 두기
앙금꽃을 바로 떡에 올린다면 케이크 커버를 덮거나 뚜껑이 있는 용기에 담아
서 먼지로부터 보호해 줍니다.

➲ 냉장 보관
다음날 케이크를 만들 예정이라면 밀폐 용기에 넣어 냉장 보관해 주세요.

➲ 냉동 보관
2일(또는 일주일) 이내에 사용할 경우 냉동 보관합니다. 한 번 해동했던 꽃이나
앙금은 세균 번식의 우려가 있으므로 재냉동하지 않는 것이 좋습니다.

Part **6**

아이싱하기

01~06
아이싱하기

갓 쪄낸 떡은 촉촉하고 말랑하지만,
공기 중에 노출되고 시간이 지날수록 겉면부터 마르기 시작합니다.
떡 마름을 지연시키고자 앙금을 여러 가지 방법으로 바르는데
이것을 '아이싱'이라고 합니다.

TIP

· 아이싱 앙금 크림 만들기   49page 참고

• 아이싱 준비하기 •

● 준비물
아이싱용 앙금, 색소, 짤주머니, 스패츌러, 케이크 돌림판

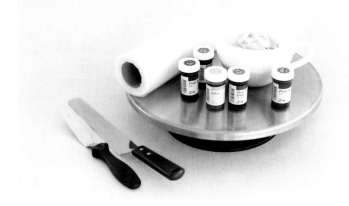

● 스패츌러 잡는 법
엄지와 중지로 스패츌러의 목 부분을 잡고 집게손가락은 살짝 올려둡니다.
나머지 손가락은 손잡이의 움직임을 지탱해 줄 수 있도록 편하게 움켜잡습니다.

● 아이싱팁
스패츌러에 묻은 앙금은 볼에 긁어내고, 행주로 닦으면서 작업하면 깔끔한
아이싱을 할 수 있습니다.

/ 윗면 아이싱 /

떡의 옆면은 무스띠를 두르고 윗면은 모두 앙금으로 채우는 방법입니다.

01 | 떡의 높이보다 약 0.5cm~1cm 정도 높은 무스띠를 둘러줍니다.
02 | 아이싱용 앙금 크림을 짤주머니에 넣어 떡 위에 짜서 올려줍니다.
03 | 스패츌러를 약 15도 각도로 기울여 떡의 윗면에 골고루 펴 바릅니다.

04 | 무스띠의 높이만큼 앙금을 평평하고 매끈하게 다듬어 줍니다.
05 | 완성

/ 전체 아이싱 /

떡의 윗면과 옆면 모두 앙금으로 덮어주는 방법입니다.
1호(높이 7cm) 경우 약 200g의 앙금이 사용됩니다.

01 | 케이크 돌림판의 정중앙에 떡을 올리고 떡 위에 앙금을 짜서 올려줍니다.
02 | 케이크 돌림판을 천천히 돌려주며 스패츌러로 윗면의 앙금을 펴 발라줍니다.
03 | 케이크 돌림판을 돌려주면서 옆면에 앙금을 발라줍니다.

04 | 스패츌러는 세우고 케이크 돌림판을 돌리면서 옆면을 발라줍니다.

05 | 떡의 아랫부분은 돌림판을 돌리면서 스패츌러로 긁어내듯 정리해 줍니다.

06 | 윗면은 스패츌러를 눕혀 15도 정도로 세우고 모서리 부분부터 가운데 방향으로 다듬어 정리합니다.

/ 컬러 아이싱 /

단색이 아닌 두 가지 이상의 컬러를 이용하여 아이싱하는 방법입니다.

01 | 원하는 컬러의 앙금을 조색하여 준비합니다.

02 | 메인 컬러가 되는 앙금을 떡에 펴 발라줍니다.

03 | 포인트가 되는 컬러의 앙금을 원하는 부위에 발라줍니다.

04 | 스패츌러를 약 15도로 눕혀 원하는 그라데이션 컬러가 나오도록 문지르듯 펴 발라줍니다.

/ 터치 아이싱 /

여러 컬러를 이용하며, 거칠고도 자연스럽고 멋스러운 아이싱 방법입니다.

01 ┃ 원하는 컬러의 앙금을 조색하여 준비합니다.
02 ┃ 떡의 윗면에 메인 컬러가 되는 앙금을 발라줍니다.
03 ┃ 포인트 컬러가 되는 앙금을 스패츌러로 떠서 원하는 부위에 자국이 남도록 묻히듯 발라
줍니다.

/ 바구니 아이싱 /

떡의 겉면 또는 일부에 바구니의 짜임 모양을 표현하는 방법입니다.

01 ┃ 세로로 앙금을 한 줄 그려줍니다.
02 ┃ 세로줄을 따라 가로로 짧게 그려줍니다. 간격은 깍지의 폭과 비슷하게 유지합니다.
03 ┃ 세로로 한 줄을 더 그려줍니다.

04 ┃ 짧게 그린 가로줄의 사이사이로 같은 길이의 가로줄을 그려줍니다.
05 ┃ 반복하여 원하는 넓이로 그려줍니다.

TIP

바구니 아이싱은 원형 깍지 8번, 별 깍지 16번, 바구니 깍지 47번 등을 이용하며, 떡에
바로 아이싱하는 것보다 쟁반 등에 테스트 후 시작하는 것이 좋습니다.

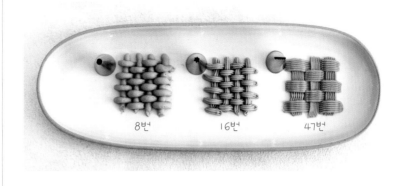

/ 스티로폼 아이싱 /

떡에 앙금꽃을 올리는 연습을 할 때 떡 모형의 스티로폼에 아이싱하기도 합니다.

01 | 스티로폼 바닥에 양면테이프를 붙여 케이크 돌림판에 고정합니다.

02 | 자 또는 스크래퍼의 모서리를 이용하여 아이싱하고자 하는 면을 긁어 거칠게 만들어
줍니다. (매끈했던 스티로폼이 거칠어져서 앙금을 바를 때 미끄러짐이 덜합니다.)

03 | 원하는 아이싱을 해줍니다.

TIP

· 아이싱 앙금 크림 만들기   49page 참고

Part 7

색소와
색채(Color)의 이해

01
색소의 종류

......

/ 천연가루 /

천연가루는 단호박, 자색고구마, 녹차 등과 같이 뚜렷한 색을 가지고 있는 자연의 재료를 건조시켜 가루 형태로 만든 것으로, '천연가루' 또는 '건조 파우더'라고 부르기도 합니다. 인공의 첨가물이나 방부제가 들어가 있지 않은 것이 대부분이기 때문에 유통기한을 넘기지 않았더라도 잘 보관되지 않은 경우에는 사용하지 않는 것이 좋습니다.

1. 천연가루의 종류

➜ **붉은색** : 딸기, 백년초, 비트

➜ **노란색** : 단호박, 치자

➜ **초록색** : 보리새싹, 녹차, 쑥 (클로렐라, 모시잎)

➜ **푸른색** : 청치자

➜ **보라색** : 블루베리, 자색고구마

➜ **갈색** : 홍국쌀가루, 코코아

➜ **회색** : 오징어먹물

> **TIP**
> • 푸른색을 내는 청치자와 회색을 내는 오징어먹물은 재료의 특성상 인공 식용색소가 소량 함유되어 있습니다.

2. 천연가루의 장점과 단점

인공색소와는 다르게 앙금에 섞었을 때 자연스럽고 편안하며 우아한 색으로 발색됩니다. 그러나 진한 조색을 위해서는 많은 양을 첨가해야 하는 단점도 있으며, 비트나 백년초의 경우, 많이 넣었을 때 그 맛과 향이 강하여 거부감이 들 수도 있습니다.

3. 사용법

앙금에 직접 넣어 잘 섞어줍니다. 비트와 같은 뭉침이 있는 가루는 물에 개어서 앙금과 섞기도 하며 분당체에 곱게 내려 사용하기도 합니다. 넣는 양에 따라 앙금이 갈라지거나 퍽퍽해지니 물로 점도를 조절해 주세요.

4. 보관법

습도와 온도에 민감하므로 실온에 장기적으로 보관할 시 변색될 수 있으며 습기로 인해 뭉치거나 곰팡이가 생길 수 있습니다. 실온에 두고 사용할 경우 주기적으로 점검하여 버리고 새로 교체해 주세요. 자주 사용하지 않을 경우 또는 고온다습한 여름철의 경우에는 냉장 또는 냉동 보관합니다.

> **TIP**
>
> · **천연가루의 건조방식**
> 가열된 공기로 재료를 건조하는 **열풍건조**를 하며 색의 보존을 위해 **동결건조**를 하기도 합니다. 백년초의 경우, 열에 민감한 재료이므로 동결건조를 하거나 열풍 건조에 의해 날아간 색을 보완하고자 코치닐 가루를 섞어 생산하기도 합니다.

/ 화이트 색소 /

흰색의 앙금꽃을 만들거나 파스텔톤으로 앙금을 조색할 때 사용합니다. 많이 넣을 경우 앙금이 거칠어질 수 있으니 소량씩 넣어가며 조절해 주세요.

윌튼 화이트 색소

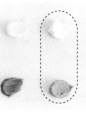

화이트 색소를 넣은 앙금

/ 파우더 색소 /

진한 향과 맛을 내는 천연가루의 단점을 보완하고 보관과 사용이 편리하게 만든 고운 가루 타입의 색소입니다. 천연가루와 인공색소의 중간단계이며, 천연원물에서 추출한 색소이기 때문에 발색이 자연스럽고 예쁜 컬러가 그대로 재현됩니다. 앙금에 잘 녹아 조색이 용이합니다.

1. 파우더 색소

◉ 네츄럴파우더

차분하고 자연스러운 색을 냅니다. 국내에서 생산된 색소로 성분이 비교적 안전합니다. 조색 후 시간이 지나면 색상이 다소 진해지니 명도를 알맞게 조절해 줍니다.

2. 사용법

티스푼 또는 작은 계량스푼 등을 이용하여 조금씩 앙금과 섞어줍니다. 물에 금방 녹으므로 사용 시 색소 통에 물이 들어가지 않도록 주의합니다.

3. 보관법

쓰러질 경우 넓은 범위에 가루가 퍼지게 됩니다. 뚜껑이 잘 닫혔는지 꼭 확인하고 직사광선을 피하며 습하지 않은 그늘진 실온에 보관합니다.

/ 겔 타입 색소 /

적은 양으로도 진한 색을 낼 수 있으며, 향과 맛이 거의 없어 거부감이 적은 인공 식용색소입니다. 형광빛이 돌기 때문에 색소를 처음 접하는 입문자의 경우, 다소 어려운 단점이 있으나 조색 연습을 통하여 차차 적응할 수 있습니다.

1. 겔 타입 색소의 종류

➊ 윌튼 아이싱컬러

국내에 허용되어 판매되는 몇 가지 색상 외에는 미국 직구를 통하여 구매합니다. 적은 양으로 발색이 잘 되며 색상의 종류가 다양합니다.

2. 사용법

이쑤시개, 베이킹용 작은 나이프, 또는 젓가락 등을 이용하여 소량을 찍어 앙금에 바르고 실리콘 주걱으로 섞어줍니다.

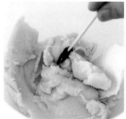

3. 보관법

겔 타입 색소는 끈적일 수 있습니다. 사용 후에는 뚜껑과 맞닿는 주변을 깨끗이 닦은 뒤 그늘진 실온에 보관합니다.

/ 액상 색소 /

액체 타입의 색소이며, 조색 시 별도의 도구가 필요하지 않아 사용이 간편한 장점이 있습니다.

1. 액상 색소의 종류

❥ 플라워칼라

국내에서 생산되었으며 성분이 비교적 안전합니다. 물처럼 묽은 특징이 있으며 형광빛이 나지 않는 자연스러운 색을 만들 수 있습니다. 스포이트로 한 방울씩 떨어뜨려 사용하기 때문에 빠른 조색이 가능하여 꽃술이나 작은 꽃의 조색에도 용이합니다.

❥ 셰프마스터

미국 수입 색소로 플라워칼라에 비해 점도가 높습니다. 적은 양으로도 발색이 잘 되며 컬러가 화사한 것이 특징입니다. 용기를 눌러 한 방울씩 떨어뜨려 조색합니다.

2. 보관법

사용 후에 뚜껑이 꼭 닫혔는지 확인해야 하며, 움직임이 있더라도 쓰러지지 않도록 전용 상자 또는 공간이 넓지 않은 단단한 보관함에 담아 그늘진 실온에서 보관합니다.

02
색채(Color)이론

:

/ 색의 구분 /

1. 순색

흰색, 검정, 회색 등과 섞이지 않은 색으로 가장 선명하고 맑은 색을 말합니다.

2. 무채색

흰색, 회색, 검은색에 속하는 색을 말합니다.

3. 유채색

무채색을 제외한 색을 가지고 있는 모든 색을 말합니다.

/ 색의 3속성 /

빛이 물체에 닿으면 반사, 투과, 흡수를 통하여 우리의 눈에 각기 다른 색으로 보이게 됩니다. 이 색들은 각각 색상, 명도, 채도의 속성을 가지면서 무수히 많은 색을 표현합니다.

1. 색상(Hue)

빨강, 노랑, 파랑 등 색이 가지고 있는 고유의 특성으로 어떠한 색을 봤을 때 한마디로 구분할 수 있는 색의 명칭을 말합니다.

2. 명도(Value)

색의 밝고 어두운 정도를 말합니다. 밝은색은 명도가 높다고 말하며 '고명도'라고 합니다. 어두운색은 명도가 낮다고 말하며 '저명도'라고 합니다.

➊ 무채색의 명도

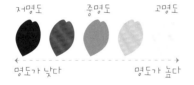

➊ 유채색의 명도

3. 채도(Chroma)

색의 맑고 탁한 정도를 말합니다. 유채색에 탁한 회색이 섞이지 않은 순수한 정도를 뜻하며 '순도'라고도 합니다. 순색에 가까울수록 채도가 높다고 말하며 '고채도'라고 합니다. 순색에 회색이 섞일수록 채도가 낮다고 말하며 '저채도'라고 합니다.

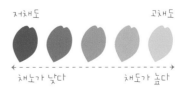

/ 먼셀의 20색상환 /

미국의 화가이자 색채연구가인 '먼셀(Albert H. Munsell, 1858~1918)'이 고안한 것으로
원색을 원으로 나열하여 색상의 흐름을 보여주는 색채계입니다.

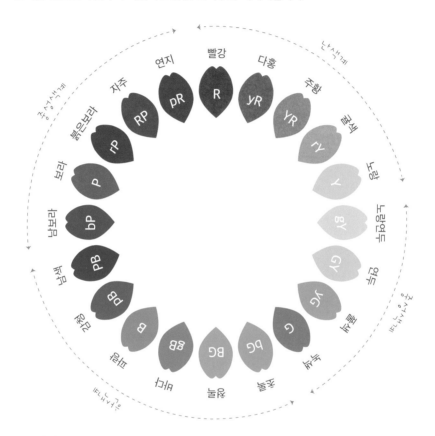

◑ 유사색
색상환에서 가깝게 근접한 색상, 같거나 비슷한 성격을
가진 색　⋯▷ 노랑, 노랑연두, 연두, 풀색

◑ 반대색
색상환에서 서로 거리가 먼 색상, 서로 다른 색이나 성격이
반대되는 색　⋯▷ 노랑 & 바다색, 빨강 & 감청색

◑ 보색
색상환에서 서로 마주 보고 있는 색, 두 색을 섞으면 무채색에
가까운 회색이 됨　⋯▷ 빨강 & 청록, 주황 & 파랑

/ 색의 연상과 상징 /

◑ 순색

빨강	기쁨, 정열, 강렬, 위험, 더위, 피, 열
주황	화려, 적극, 원기, 활력, 만족, 풍부, 건강, 유쾌, 희열
노랑	환희, 희망, 광명, 발전, 도전, 명랑, 노폐, 경박, 팽창
연두	생명, 사랑, 소망, 신선, 초여름, 자연, 어린이
초록	휴식, 안식, 평화, 안전, 지성, 고독, 생명, 이상
파랑	희망, 진리, 이상, 냉정, 젊음, 우울, 적막, 고독, 소극적
남색	차가움, 냉정, 성실, 깊은 바다, 영원
보라	창조, 우아, 예술, 신비, 고귀, 섬세함, 퇴폐, 권력, 도발
자주	애정, 연모, 성적, 궁중, 왕관, 권력, 허영

◑ 밝은색

빨강	행복, 봄, 온화함, 젊음, 순정
주황	따뜻함, 기쁨, 명랑, 애정, 희망
노랑	미숙, 활발, 소년
연두	초보적인, 신록, 목장, 초원
초록	양기, 온기, 명랑, 기쁨, 평화, 건강, 안정, 상쾌, 산뜻
파랑	젊음, 하늘, 신, 조용함, 상상, 평화
남색	장엄, 신비, 천국, 하늘, 환상, 차가움
보라	환상, 귀인, 고풍, 고귀, 우아, 근엄, 부드러움, 그늘, 실망
자주	도회적, 화려함, 사치, 섹시

			Red R 빨강	Yellow Red YR 주황	Yellow Y 노랑	Green Yellow GY 연두
기본		Color				
선명한	vivid	vv				
밝은	light	lt				
흐린	soft	sf				
연한	pale	pl				
흰	whitish	wh				
밝은회	light grayish	ltgy				
회	grayish	gy				
탁한	dull	dl				
진한	deep	dp				
어두운	dark	dk				
어두운회	dark grayish	dkgy				

Green	Blue Green	Blue	Purple Blue	Purple	Red Purple
G 초록	BG 청록	B 파랑	PB 남색	P 보라	RP 자주

색채와 색채의 이해

03

조색 이론

조색이란 두 가지 이상의 색을 섞어서 원하는 색을 만들어 내는 것을 말합니다.
색의 기본이 되는 순색이 서로 섞이고
무채색을 만나면서 무수히 많은 색이 만들어집니다.

/ 유채색의 혼합 (12색상환의 조색체계) /

'요하네스 이텐(스위스의 화가이자 미술가)'의 12색상환 조색은 3원색(빨강, 노랑, 파랑)을 기본으로 합니다. 3원색을 혼합하여 2차 색을 만들고 이것을 다시 혼합하여 3차 색이 만들어지며, 이 순색끼리의 혼합은 발랄하고 행복한 느낌이 듭니다.

❍ 1차 색

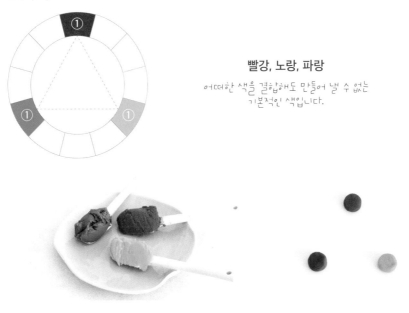

빨강, 노랑, 파랑

어떠한 색을 결합해도 만들어 낼 수 없는
기본적인 색입니다.

❷ 2차 색

주황, 초록, 보라

두 개의 1차 색이 섞여
만들어지는 색을 말합니다.

❸ 3차 색

다홍, 귤색, 연두, 청록, 남색, 자주

1차 색과 2차 색이 섞여
만들어지는 색을 말합니다.

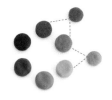 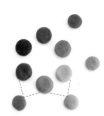 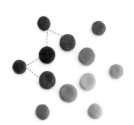

/ 1차 색의 조색 체계 /

1차 색인 빨강, 노랑, 파랑을 서로 섞어서 표현할 수 있는 색은 무수히 많습니다. 이러한 색의 변화를 관찰하면 조색의 원리를 이해하는 데 도움이 되는데, 조색되어 나온 색에 양금을 섞을수록 밝은 색을 표현할 수 있습니다.

❖ 빨강과 노랑

❖ 노랑과 파랑

❖ 파랑과 빨강

/ 무채색의 혼합 /

순색에 무채색이 혼합되면 우아하고 세련되며 조화로운 색채가 됩니다.

● 틴트(Tint)

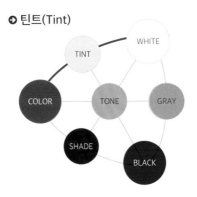

순색에 하양을 섞어 만들어지는 명청색

엷은 색으로 조색하는 것을 의미하며 흔히 말하는 파스텔컬러가 이에 해당합니다. 앙금 조색에 있어서 명도를 높이려면 흰색 색소 또는 앙금을 추가합니다. 반대로 명도를 낮추려면 순색의 색소를 추가하여 진하게 조색합니다.

● 톤(Tone)

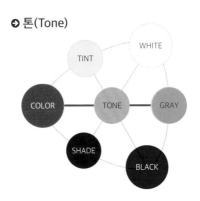

순색에 회색을 섞어 만들어지는 탁색

dull color를 탁색이라고 하며 회색을 추가하여 조색한 모든 색을 총칭합니다. 세련되며 편안한 색이 표현된다는 장점이 있습니다. 앙금 조색에서 형광빛이 돌 때 화려함을 차분하게 안정시키도록 회색을 추가하여 채도를 낮춰 줍니다. 반대로 채도를 높이려면 순색의 색소를 추가하여 밝게 조색합니다.

● 쉐이드(Shade)

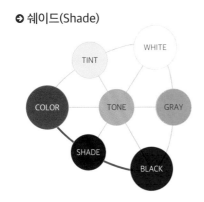

순색에 검정을 섞어 만들어지는 암청색

암청색은 무겁고 어두운 느낌이 드는 특징이 있지만, 안정적인 분위기를 표현하기도 합니다. 진한 빨간빛의 앙금 조색 시 겔 타입의 검정 색소를 소량으로 추가하면 더욱 진한 빨간빛을 조색할 수 있습니다. 또한 검은색이 많이 섞여 색이 어두워진 앙금을 다시 밝게 조색하기 위해서는 어둡게 조색 된 앙금의 일부를 덜어내고 순수 앙금과 순색의 색소를 추가하여 밝게 조색해 줍니다.

04

배색 이론

두 가지 이상의 색을 분위기나 목적에 맞게 잘 어울리도록
조합하는 것을 말합니다. 앙금플라워떡케이크의 디자인적인 면에서
꽃의 모양보다 더 먼저 느껴지는 중요한 것이 전체적인 느낌이며
이러한 전체적 분위기는 적절한 컬러의 배색으로 아름답게 연출할 수 있습니다.
10가지 이상의 꽃을 색상의 규칙 없이 나열하기보다
배색 기법을 이해하고 색채 계획을 세우는 것이 좋습니다.

/ 주조색 · 보조색 · 강조색 /

하나의 작품을 구성하는 색채는 다채롭지만, 색채계획을 통하여 주조색, 보조색, 강조색의
비율을 고려한다면 조금 더 조화로운 배색을 연출할 수 있습니다.

1. 주조색 : 메인(main)컬러

배색의 기본이 되는 색상 즉, 표현하고자 하는 주된 분위기의 색상을 말합니다. 전체 배색 중
약 70% 정도의 가장 넓은 면적을 차지하는 색입니다. 또한 주조색은 2~3가지의 비슷한
색상으로 통일감을 주고 톤으로 변화를 주면 안정감이 느껴집니다.

2. 보조색 : 서브(sub)컬러

전체 배색의 약 20% 정도를 차지하는 색으로 주조색의 변화를 이끌어 주는 역할을 하는
색입니다. 주조색과 다른 2~3가지의 색상으로 조화롭게 변화를 줍니다.

3. 강조색 : 포인트(point)컬러

전체 배색의 약 10% 정도를 차지하는 색입니다. 주조색, 보조색과 비교하여 명도나 채도의
변화가 있는 대비적인 1~2가지 색상을 사용하여 눈에 띄게 포인트를 줍니다.

/ 3색 배색과 3색 배색의 분할 /

케이크에 표현하고자 하는 분위기나 주제에 따라서 3가지 색상을 선택합니다.

주조색, 보조색, 강조색 세 가지 색을 선정했다면 각 색을 분할하여
전체적인 조화를 맞추어 배색 계획을 할 수 있습니다.

/ 배색 기법 /

배색 기법 이론을 이해하면 앙금 배색하기에 응용할 수 있습니다. 여러 가지 배색 기법을 이용한 색채의 질서는 심리적인 쾌감을 주기도 합니다.

1. 도미넌트 배색   Dominant

'우세하다', '지배적이다'의 의미이며, 색이 갖는 공통된 속성으로 전체적인 통일감을 주는 배색 기법입니다.

색상의 일치   톤의 일치

2. 세퍼레이션 배색   Separation

'분리시키다', '갈라놓다'의 의미이며, 배색의 관계가 모호하거나 둘 이상 색의 차이를 강조하고 싶을 때 색과 색 사이에 분리색을 삽입하여 분리효과를 주는 배색 기법입니다. 반대로 색의 대비가 강할 때 색의 대비를 완충시켜주기도 하는 배색 기법입니다.

색의 차이 강조   색의 대비 완충

3. 엑센트 배색   Accent

단조로운 배색에 대조되는 색을 소량 덧붙임으로써 전체를 돋보이게 하는 배색입니다. 주목성이 강한 배색 기법입니다.

4. 그라데이션 배색   Gradation

서서히 단계적으로 자연스럽게 색상, 명도, 채도 등을 변화시키는 배색 기법입니다.

명도 그라데이션   색상 그라데이션

5. 톤온톤 배색   Tone on Tone

동일한 색상 내에서 그 톤의 명도 차를 비교적 크게 설정하는 배색 기법입니다.

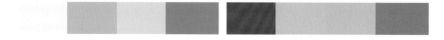

6. 톤인톤 배색   Tone in Tone

동일 색상이나 인접 또는 유사색상 내에서의 톤 조합으로 명도와 채도가 비슷한 배색 기법입니다.

7. 토널 배색   Tonal

중명도, 중채도의 중간색을 사용한 수수한 배색이며 soft 톤, dull 톤의 색조로 통일성을 주어 중후함과 고급스러운 느낌을 주는 배색 기법입니다.

soft 톤 배색   dull 톤 배색

8. 카마이유 배색   Camaïeu

카마이유 배색은 언뜻 보면 거의 동일한 색으로 보이는 유사 색상들을 조합한 기법으로 색상이나 톤 등에 큰 차이가 없습니다.

9. 포카마이유 배색   Faux Camaïeu

포카마이유 배색은 비슷한 색상이지만 톤 등에 약간의 변화를 준 배색 기법입니다.

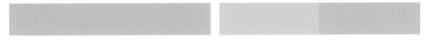

10. 멀티컬러 배색   Multicolor

채도가 높은 다양한 색상을 이용한 배색으로 활기차고 화려한 느낌을 주는 배색 기법입니다.

/ 이미지 배색 /

색채를 어떻게 배색하였느냐에 따라 전체적인 느낌과 분위기가 달라집니다. 이미지 배색을 이해하고 케이크에 표현하고자 하는 느낌을 연출할 수 있습니다.

⊙ 상큼한 배색

⊙ 평온한 배색

⊙ 귀여운 배색

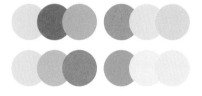

⊙ 자연스러운 배색

⊙ 사랑스러운 배색

⊙ 멋진 배색

⊙ 우아한 배색

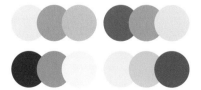

⊙ 클래식한 배색

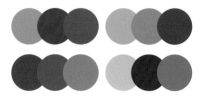

◑ 낭만적인 배색

◑ 한국적인 배색

◑ 봄 컬러 배색

◑ 여름 컬러 배색

◑ 가을 컬러 배색

◑ 겨울 컬러 배색

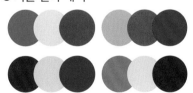

05
조색 실습

빨강 노랑 파랑의 3색으로도 모든 순색의 조색이 가능하지만
1차·2차 색 이외의 색을 조색하는 것은 오랜 시간과 경험이 필요하게 됩니다.
9색 정도의 식용색소를 사용하면 보다 쉽고 빠른 앙금 조색이 가능합니다.

◐ 빨강 계열 조색하기

◐ 주황 계열 조색하기

◐ 노랑 계열 조색하기

◐ 초록 계열 조색하기

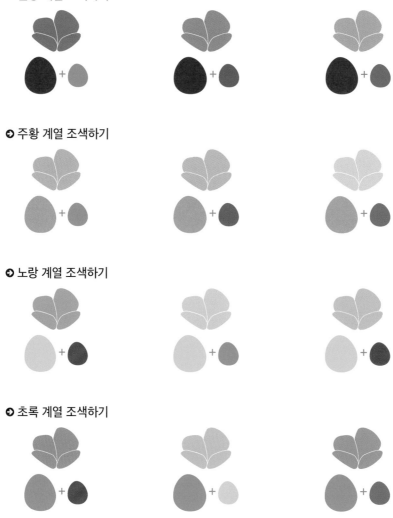

◑ 파랑 계열 조색하기

◑ 분홍 계열 조색하기

◑ 보라 계열 조색하기

◑ 자주 계열 조색하기

◑ 갈색 계열 조색하기

/ 앙금 조색 순서 /

만들고자 하는 색

1. 기본색 정하기

원하는 색상이 어떤 색상의 계열인지 색상환과 대조하여 기본색을 정합니다.

기본색 (천연가루, 파우더, 겔, 액상 색소 등)

참고 색상환 150page

2. 명도(밝기)조절하기

흰 앙금에 기본색 (천연가루, 파우더, 겔, 액상 색소 등)을 조금씩 넣어 가면서 밝기를 조절해 줍니다.

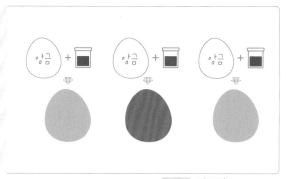

참고 명도란? 149page

3. 추가색 넣어주기

원하는 색상이 어떤 색을 띠고 있는지 색상환과 대조하여 추가 색을 넣어줍니다.

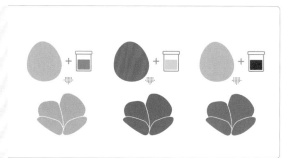

◐ 색상환을 보며 조색하기

어떤 색의 색소를 넣어야 내가 조색하고자 하는 색상이 나오는지 모르겠다면 우선 색상환을 보고 어떤 색의 계열에 근접한지 확인합니다. 원하는 색상과 근접한 컬러의 색소를 선택하여 넣고 섞어봅니다.

◐ 두 가지 이상의 색을 서로 조화롭게 하기

색상이 다른 두 가지 이상의 색이 서로 조화롭지 않다면 상대의 색을 조금씩 섞어줍니다. 조색볼과 실리콘 주걱은 앙금을 조색할 때마다 세척하거나 색마다 따로 사용하지 않아도 되며 사용했던 짤주머니에 다른 색의 앙금을 넣어 꽃을 만들어도 좋습니다.

◐ 비교색을 남겨두기

원하는 색상을 얻기 위해 새로운 색을 추가하게 됩니다. 이때 색소를 섞기 전의 앙금을 남겨 변화된 색을 관찰하면 추가로 넣을 색을 정하는 데 도움이 됩니다.

◐ 형광빛의 색상을 톤다운 시키기

색상환에서 서로 마주 보는 색을 섞으면 회색을 띠는 탁색으로 변합니다. 형광빛이 돌거나 쨍한 색의 색소를 사용했다면 색상환에서 반대색을 섞어 톤다운 시켜줍니다.

◐ 노랑 또는 파랑 계열의 톤다운 시키기

색상환에서 서로 마주 보는 색을 섞으면 무채색에 가까운 회색이 되지만, 노랑 계열과 파랑 계열의 색상은 반대색이어도 서로 섞으면 초록빛을 띠게 됩니다. 이때 갈색이나 검정을 추가하면 색이 안정됩니다.

Part *8*

앙금 컬러 믹싱

01~05
앙금 컬러 믹싱

앙금꽃 짜기를 할 때 꽃잎의 모양이나 크기를 달리하면
같은 장미라도 여러 가지 형태로 표현이 가능합니다.
깍지를 개조하거나 다른 번호의 깍지를 사용해도 다르게 표현할 수 있습니다.
모양뿐만 아니라 꽃의 컬러에 따라서도 분위기가 달라지는데
앙금의 컬러를 어떻게 믹싱하여 짤주머니에 넣느냐에 따라
꽃의 분위기를 다양하게 표현할 수 있습니다.

/ 엣지 컬러 Edge Color /

꽃잎의 끝부분만 다른 색으로 강조하는 방법입니다.

01 | 원하는 컬러의 앙금을 조색하여 준비합니다.
02 | 강조하고자 하는 색의 앙금을 짤주머니 한쪽 끝에 붙여넣습니다.
03 | 얇게 스크래퍼로 정리해 줍니다.

04 | 남은 공간에 다른 색의 앙금을 넣고 스크래퍼를 이용하여 앙금을 깍지 쪽으로 밀어 넣어
줍니다.
05 | 앙금 색을 확인하여 깍지의 위쪽을 돌려 맞춰줍니다.

> **TIP**
> ・이쑤시개를 이용하여 겔 타입 색소를 짤주머니 안쪽에 바르고 앙금을 넣으면 비슷
> 한 효과를 낼 수 있습니다.

/ 그라데이션 컬러　Gradation Color /

꽃잎 끝의 색이 서서히 다른 색으로 변하도록 표현하는 방법입니다.

01 | 앙금을 짤주머니 한쪽 벽면에 붙여 넣어줍니다.
02 | 남은 공간에 다른 색의 앙금을 채워줍니다.

03 | 앙금의 경계를 손으로 살짝 누르거나 비벼서 앙금 색의 경계를 부드럽게 해줍니다.
04 | 스크래퍼를 이용하여 앙금을 깍지 쪽으로 밀어 넣어줍니다.

/ 클라우드 컬러　Cloud Color /

두 가지 이상의 색이 안개 낀 듯 은은하게 섞여 표현됩니다.

01 | 원하는 컬러의 앙금을 조색하여 준비합니다.
02 | 짤주머니에 앙금을 조금 넣고 스크래퍼 또는 손을 이용하여 얇게 펴 발라줍니다.
03 | 다른 색의 앙금을 넣어줍니다.

04| 스크래퍼로 정리하고 색을 확인합니다.

> **TIP**
>
> • 여러 가지 색상의 앙금을 대충 섞거나 앙금에 색소를 대충 섞어 짤주머니에 넣으면
>   비슷한 효과를 낼 수 있습니다.

/ 멀티 컬러 Multi Color /

한 송이의 꽃에서 두 가지 색의 잎을 표현할 수 있습니다.

01| 원하는 컬러의 앙금을 조색하여 준비합니다.
02| 두 가지 색의 앙금을 짤주머니 안에 반씩 채웁니다.

03| 스크래퍼로 정리해줍니다.
04| 꽃짜기 하다가 원하는 부분에서 깍지를 180도로 돌려줍니다.
05| 원하는 색의 앙금이 나오는지 실리콘 주걱이나 조색볼에 짜서 확인합니다.

/ 체인지 컬러 Change Color /

세 송이 이상의 꽃을 짤 때 자연스럽게 다른 색으로 변하도록 표현하는 방법입니다.

01| 원하는 컬러의 앙금을 조색하여 준비합니다.
02| 두 가지 색의 앙금을 차례로 넣어줍니다.
03| 경계 부분을 손으로 살짝 만져 섞어주고 스크래퍼로 잘 정리합니다.

04| 두 가지 색 외에 중간색의 꽃도 자연스럽게 표현됩니다.

Part *9*

앙금꽃 배열하기

01~08
앙금꽃 배열하기

앙금플라워떡케이크를 만드는 과정 중 가장 마지막 단계는
앙금꽃을 떡에 올리는 '앙금꽃 배열하기'작업입니다.
꽃이 예쁘지 않아도 배열에 성공하면 예쁜 케이크를 완성할 수 있습니다.
꽃을 배열하는 것은 특별한 규칙이 정해져 있지 않습니다.
하지만 처음 시작하는 입문자의 경우, 기본적인 규칙을 익힌 후
본인의 취향이나 스타일에 따라 변형시켜 볼 것을 추천합니다.

꼭 기억하세요!

• 앙금꽃 배열하기에서 사용되는 용어 •

❂ 꽃길

앙금꽃을 조화롭게 배열하기 위해 꽃이 올려지는 위치를 체크하거나 그 꽃을
고정하기 위하여 떡 위에 짜는 앙금을 말합니다. 입체적인 볼륨감을 주고 높이를
높이기 위하여 사용하기도 하며 빈 공간에 짜 넣어 꽃을 올릴 자리를 만들어줍니다.

> **· 꽃길 앙금 만들기**
> 꽃길은 꽃이 떡에 잘 붙게 하는 역할을 하기 때문에 꽃보다 살짝 진 앙금이 좋
> 습니다. 춘설앙금 100g당 8g 정도의 물을 섞어줍니다. 백옥앙금 그대로 잘 비벼
> 사용해도 됩니다.

❂ 대표꽃

케이크의 메인이 되는 포인트 꽃으로 큼직하고 예쁜 꽃을 선택합니다. 케이크의
전체적인 분위기를 좌우하는 중요한 역할을 합니다.

❂ 중간꽃

대표꽃을 돋보이게 보조해 주는 역할을 합니다. 주로 중간 크기의 꽃을 활용하며
가장 많은 개수가 필요합니다.

❂ 작은꽃, 잔꽃

대표꽃과 중간꽃의 빈 곳을 채워주며, 꽃이 흘러가는 방향을 유도하는 작은
크기의 꽃입니다.

/ 작은 반구형 Mini Dome Style /

반구형과 비슷한 꽃 배열 방법입니다. 떡의 바깥쪽 공간이 보이도록 가운데만 앙금꽃을 쌓아 올려줍니다.

01 | 떡의 안쪽에 링 모양의 둥근 꽃길을 만들어줍니다.
02 | 꽃의 얼굴은 바깥쪽을 보게 놓으며 살짝 위쪽을 향하여 놓습니다.
03 | 꽃과 꽃이 붙어 서로 겹치지 않도록 꽃길을 따라 빙 둘러놓습니다.
04 | 마지막 꽃을 놓을 자리가 좁다면 작은꽃을 놓아주세요.

05 | 안쪽의 빈 공간은 앙금으로 채워줍니다.
06 | 꼼꼼하게 가득 채우지 않아도 되며 꽃이 올라갈 정도면 됩니다.
07 | 꽃의 얼굴이 위쪽을 바라보도록 하여 살짝 눌러 붙여주세요.
08 | 꽃이 없는 빈 공간 쪽으로 꽃가위를 빼내어 옆의 꽃을 건드리지 않도록 합니다.

09 | 빈 공간이 있다면 작은꽃을 넣어줍니다.
10 | 맨 위쪽에는 작은꽃을 올리거나 잎사귀로 마무리해 주세요.
11 | 잎사귀를 짜 넣어 완성합니다.　**참고**　잎사귀 장식하기　186page
12 | 완성

반구형 Dome Style

떡 위를 가득 메우면서 수북하게 앙금꽃을 쌓아 올리는 배열 방법을 말합니다. 앙금꽃이 가장 많이 들어가며, 부케를 연상시키는 디자인입니다.

01 | 떡의 중앙에 컵설기를 놓고 살짝 떨어진 곳에 꽃길을 만듭니다.

02 | 꽃의 얼굴은 바깥쪽을 보게 놓으며 살짝 위쪽을 향하여 놓습니다.

03 | 꽃과 꽃이 붙어 서로 겹치지 않도록 꽃길을 따라 빙 둘러놓습니다.

04 | 남은 공간에 꽃 한 송이가 들어가지 않는다면 작은꽃을 올려주세요.

05 | 컵설기에 붙이듯 빙 둘러 꽃을 올립니다.

06 | 꽃이 기울어 쓰러지거나 높이가 낮다면 앙금을 짜서 지지해 주세요.

07 | 앙금을 조금 짜 넣어주면 꽃이 주저앉지 않습니다.

08 | 꽃을 올려 윗부분을 채워줍니다.

09 | 꽃가위가 옆의 꽃을 건드려 망가지지 않도록 주의해 주세요.

10 | 빈 곳이 있다면 작은꽃을 넣어 채워줍니다.

11 | 꽃의 얼굴 방향과 조화롭게 잎사귀를 짜 넣어 완성합니다.

12 | 완성　참고　컵설기, 몰드설기 만들기 122~125page, 잎사귀 장식하기 186page

> **TIP**
> · 전체적인 높이를 낮추려면 컵설기 대신 작은 몰드설기를 넣어주세요. 떡이 없을
>   경우 앙금으로 채웁니다.

/ 반지형 Wreath Style /

떡의 가운데는 여백으로 두고 바깥쪽을 빙 둘러가며 꽃을 올려주는 방법입니다. 전체적으로 같은 종류의 꽃을 올려도 충분히 예쁜 스타일입니다. 꽃의 얼굴 방향은 여러 가지 각도를 주어 리듬감을 살려도 좋습니다.

01 | 떡의 가장자리에서 안쪽으로 링 모양의 꽃길을 만들어줍니다.
02 | 꽃길을 따라 꽃을 올려주세요.
03 | 꽃끼리 서로 겹치지 않게 하며 얼굴 방향은 자유롭게 하여도 좋습니다.
04 | 대표꽃을 놓을 자리가 부족하다면 작은꽃을 두 송이 올립니다.

05 | 대표꽃을 올려주세요.
06 | 작은꽃을 대표꽃 옆에 두어 돋보이게 해줍니다.
07 | 꽃봉오리나 작은 송이 꽃을 몇 군데 넣어주세요.
08 | 잔꽃으로 빈 곳을 장식해 줍니다.

09 | 대표꽃에는 큰 잎사귀를 달아 강조해 주세요.
10 | 미리 얼려두었던 잎사귀를 꽂거나 짤주머니로 짜서 완성합니다.
11 | 완성　**참고**　잎사귀 장식하기 186page

179❀

많은 꽃을 이용하지 않고 한 송이의 대표꽃이 돋보이도록 이를 중심으로 주변을 꾸며주는 배열 방법입니다. 여백의 활용을 위한 디자인으로 떡의 여백은 레터링이나 스텐실의 공간으로 활용합니다.

01 | 꽃을 올릴 부분에 꽃길을 만들어줍니다.
02 | 꽃의 얼굴은 위를 향하며 꽃길에 기대어 살짝 기울여 놓습니다.
03 | 대표꽃을 올릴 곳을 피하여 중간꽃을 놓아주세요.
04 | 대표꽃을 올려줍니다.

05 | 작은 송이의 꽃을 대표꽃 주변에 놓으면 대표꽃이 돋보입니다.
06 | 빈 공간에는 작은 송이의 꽃을 놓아 주세요.
07 | 작은꽃이나 꽃봉오리를 두세 개 올려줍니다.

08 | 빈 공간에 잔꽃을 올리면 화려한 느낌이 듭니다.
09 | 미리 얼려두었던 잎사귀를 꽂거나 짤주머니로 잎사귀를 짜서 완성합니다.
10 | 완성   참고   잎사귀 장식하기 186page

/ 모듬형　Group Style /

앙금꽃을 두 그룹 이상 무리를 지어 조화롭게 배열하는 방법입니다.

01 | 그룹의 수만큼 꽃길을 만들어줍니다.
02 | 첫 번째 그룹에 대표꽃의 자리를 정한 뒤 꽃길 끝에 중간꽃을 놓습니다.
03 | 대표꽃을 기준으로 양쪽이 비대칭일 때 더 자연스럽습니다.
04 | 대표꽃을 올려주세요.

05 | 두 번째 그룹은 첫 번째 그룹보다 작게 무리를 지어주세요.
06 | 세 번째 그룹도 작게 무리 지어 꽃을 올립니다.
07 | 봉오리나 작은꽃을 빈 공간에 넣어줍니다.
08 | 허전하거나 빈 곳에 잔꽃을 올려 꾸며주세요.

09 | 구운 잎사귀를 꽂아줍니다. 대표꽃이 돋보일 수 있도록 해주세요.
10 | 잎사귀를 꽂을 수 없을 경우 앙금을 짜서 지지합니다.
11 | 잎사귀를 짜서 장식해도 좋습니다.
12 | 완성 　**참고**　잎사귀 장식하기　186page

/ 일자형 (Line Style) /

떡의 가운데에 꽃이 일자로 나란히 배열되는 것을 말합니다. 단정한 느낌의 배열로 떡의
여백을 살려주는 방법입니다.

01 | 떡의 중심을 지나도록 꽃길을 만들어줍니다.
02 | 꽃의 얼굴은 위가 아닌 살짝 옆을 바라봅니다.
03 | 위쪽에 네 개의 중간꽃을 올려주세요.
04 | 아래쪽은 세 개의 중간꽃을 올립니다. 윗줄과 서로 엇갈리게 합니다.

05 | 양쪽 끝에 한 송이씩 붙이는데 우측은 작은꽃을 선택합니다.
06 | 대표꽃을 올려주세요.
07 | 대표꽃 옆에 중간꽃과 봉오리를 놓아줍니다.
08 | 작은꽃을 대표꽃 옆에 붙여주면 대표꽃이 강조됩니다.

09 | 봉오리의 얼굴 방향은 살짝 옆을 보게 놓아줍니다.
10 | 산만해 보이지 않도록 적당한 개수의 잔꽃을 빈 곳에 올려줍니다.
11 | 짤주머니로 잎사귀를 짜거나 미리 구운 잎사귀를 꽂아 장식합니다.
12 | 완성   **참고** 잎사귀 장식하기 186page

초승달 모양으로 꽃을 배열하는 것으로 떡의 여백을 주는 방법입니다. 떡의 여백에 레터링이나 스텐실 작업이 가능한 디자인입니다.

01 | 초승달 모양으로 꽃길을 만들어줍니다.
02 | 꽃의 얼굴은 위가 아닌 살짝 옆을 바라봅니다.
03 | 바깥쪽에 다섯 개의 중간꽃을 올려주세요.
04 | 안쪽은 세 개의 중간꽃을 올립니다. 바깥쪽보다 살짝 작은 꽃을 올립니다.

05 | 양쪽 끝에 한 송이씩 붙이는데 우측은 작은꽃을 선택합니다.
06 | 대표꽃을 올려주세요.
07 | 대표꽃 옆에 중간꽃을 놓아줍니다.
08 | 작은꽃은 공간을 채우기도 하지만 꽃이 흘러가는 방향을 유도합니다.

09 | 빈 곳이 있다면 봉오리나 비슷한 크기의 꽃을 넣어주세요.
10 | 산만해 보이지 않도록 적당량의 잔꽃을 빈 곳에 올려줍니다.
11 | 짤주머니로 잎사귀를 짜거나 미리 구운 잎사귀를 꽂아 장식합니다.
12 | 완성   **참고** 잎사귀 장식하기 186page

/ 자유형 Free Style /

특별한 규칙 없이 떡에 자유롭게 그림 그리듯 꽃을 올려 표현합니다. 시선이 머물고 기준이 되는 곳을 선정하여 대표꽃을 올리고 주변은 중간꽃과 잔꽃으로 조화롭게 배열합니다.

01 | 가장 기준이 되는 대표꽃의 자리를 정하여 꽃길을 표시합니다.
02 | 대표꽃을 올려주세요. (대표꽃은 가장 마지막에 올려도 좋습니다.)
03 | 중간꽃은 대표꽃의 크기보다 작은 것을 선택합니다.
04 | 작은꽃을 자유롭게 올려주세요.

05 | 꽃의 얼굴 방향을 달리하면 리듬감이 느껴집니다.
06 | 무리를 짓되 여백을 두어 중간꽃을 자유롭게 배열해 주세요.
07 | 봉오리와 잔꽃으로 꾸며줍니다.

08 | 짤주머니로 잎사귀를 짜거나 미리 구운 잎사귀를 꽂아 장식합니다.
09 | 산만해 보이지 않도록 적당량의 잔꽃을 빈 곳에 올려줍니다.
10 | 완성　**참고**　잎사귀 장식하기　186page

• 꽃배열 TIP •

● 비슷한 크기의 꽃들만 배열할 경우, 너무 단조롭게 느껴집니다. 큰 꽃과 작은 꽃의 구분이 명확하도록 적절히 배열해 주세요.

● 앙금꽃이 무리 지어 배열된 부분과 그렇지 못한 부분이 적절히 조화를 이루어야 합니다.

● 대표꽃은 케이크 전체의 분위기를 좌우하는 중요한 역할을 하기 때문에 대표꽃을 돋보이게 하기 위하여 대표꽃의 주변에는 동일한 색 또는 동일한 크기의 꽃을 배열하지 않는 것이 좋습니다.

• 잎사귀 장식하기 •

◐ 떡에 직접 짜기

깍지를 이용하여 떡에 직접 잎사귀를 만드는 방법입니다. 가장 간편하고 빠른 방법
이지만 다양한 잎사귀 모양을 내기 어렵습니다.

01 | 잎사귀 깍지 349, 352, 353번 등을 이용합니다.
02 | 앙금을 꾹 짜서 도톰하게 한 후 살짝 흔들어 짜면서 물결 모양을 만들어주세요.

◐ 얼리기

잎사귀를 만들어 얼려두었다가 떡에 꽂는 방법입니다. 다양한 모양의 잎사귀 표현이
가능합니다.

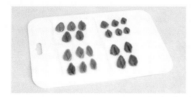 

01 | 잘라둔 유산지(또는 테프론시트, 종이호일)에 잎사귀를 만들어줍니다.
02 | 냉동실에 얼려 두었다가 녹기 전에 앙금꽃 사이에 꽂듯이 달아줍니다.

◐ 굽기

잎사귀를 오븐에 구워 놓으면 보관하기 쉬우며, 녹지 않기 때문에 장식하기에도 수월
합니다.

01 | 테프론시트에 잎사귀를 만들어줍니다. 구움 색이 나지 않도록 온도와 시간 설정에
주의하여 90~100도 오븐에서 15~20분간 구워줍니다.
02 | 식으면 앙금꽃 사이에 꽂듯이 달아줍니다. 남은 것은 밀폐용기에 담아 냉동 보관
하고 가능한 빠른 시간 내에 사용합니다.

❶ 천연가루 활용하기

천연가루를 붓에 찍어 꽃술에 묻혀 주면 조금 더 사실감 있게 표현됩니다. 앙금의 조색만으로 부족한 부분에 색을 보충할 수 있습니다.

❷ 색소 활용하기

겔 타입의 색소를 이쑤시개 등에 찍어 꽃잎의 점이나 꽃가루를 표현할 수 있습니다. 꽃잎이나 잎사귀 가장자리에 색소를 묻혀 꽃을 강조하기도 합니다.

❸ 핀셋 활용하기

꽃술의 꺾인 방향을 잡거나 꽃잎의 사이를 정리하는 등 섬세한 작업이 필요할 경우에 사용합니다.

❹ 깍지 활용하기

꽃 한 송이에서 꽃술, 꽃가루, 꽃점 등은 아주 작은 부분을 차지하기 때문에 앙금이 소량만 필요합니다. 이러한 경우, 소량의 앙금을 조색하여 깍지에 직접 넣어줍니다. (꽃술을 만들기 위한 별도의 짤주머니가 필요하지 않습니다.)

01

앙금꽃 피우기 도구 준비

/ 앙금 풀어주기 · 조색하기 /

포장에서 꺼낸 앙금은 누런색을 띠며 단단하기 때문에 바로 꽃을 짤 수 없습니다. 앙금을 실리콘 주걱으로 잘 풀어주면 하얗게 변하면서 부드럽게 되어 앙금꽃을 짜기 쉬워집니다. 많은 양의 앙금을 풀어줄 때 스탠드믹서나 핸드믹서를 사용하면 빠른 시간에 많은 양의 앙금을 쉽게 풀 수 있습니다.　참고　색소 사용법 및 조색하기 142~146page

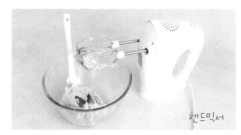 

/ 짤주머니에 깍지 연결하기 /

1. 작은 깍지

가장 일반적으로 사용하는 깍지 사이즈는 밑면의 지름이 1.8cm 정도 되는 작은 깍지입니다. 커플러를 이용하면 깍지를 쉽게 교체할 수 있습니다.

01ㅣ 짤주머니에 속 커플러를 넣어주세요.
02ㅣ 속 커플러의 끝을 살짝 긁어 잘라낼 부분을 체크해 줍니다.
03ㅣ 앙금이 나올 수 있도록 가위로 끝을 잘라줍니다. (너무 많이 잘라낼 경우 짤주머니에서 커플러와 깍지가 빠져나올 수 있으니 짤주머니의 끝을 많이 자르지 않도록 합니다.)
04ㅣ 원하는 깍지를 속 커플러에 올리고 겉 커플러를 돌려 고정해 줍니다.

2. 큰 깍지

큰 사이즈의 깍지는 큰 커플러와 함께 사용할 수 있지만, 커플러가 클수록 앙금꽃을 짜는데 불편함이 있습니다. 큰 깍지의 경우에는 커플러를 사용하지 않고 짤주머니에 바로 넣어 사용합니다.

01⏐ 짤주머니에 사용할 깍지를 넣어주세요.

02⏐ 가위로 자국을 내어 자를 부분을 체크해 줍니다.

03⏐ 앙금이 나올 수 있도록 가위로 끝을 잘라줍니다. (너무 많이 자르면 짤주머니에서 깍지가 빠져나올 수 있으니 짤주머니의 끝을 많이 자르지 않습니다.)

04⏐ 깍지를 짤주머니 끝으로 밀어 넣어줍니다.

/ 짤주머니에 앙금 넣기 /

01⏐ 짤주머니의 아래쪽 부분을 여유 있게 살짝 감싸 쥡니다.

02⏐ 바깥쪽으로 접어 손등을 덮어주세요.

03⏐ 주걱을 이용하여 앙금을 짤주머니 깊숙하게 넣어줍니다.

04⏐ 주걱을 짤주머니로 잡고 빼내면서 주걱에 있는 앙금을 훑어줍니다.

05⏐ 스크래퍼로 긁어 앙금을 밀어줍니다.

/ 깍지의 방향 맞추기 /

1. 장미 깍지, 물결 깍지, 곡선 깍지

한 쪽이 뾰족한 모양의 깍지는 둥근 부분이 아래를 향하도록 돌려줍니다.

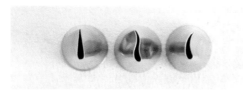 

2. 일자 깍지

옆의 모양을 봤을 때 경사가 있는 일자 깍지는 높은 쪽이 아래를 향하도록 돌려줍니다.

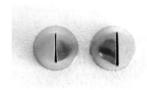  

3. 잎사귀 깍지

위에서 봤을 때 'V자' 모양이 보이지 않도록 뾰족한 부분이 아래와 위를 향하도록 돌려줍니다.

/ 짤주머니 잡기 /

  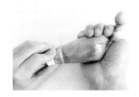

01 │ 짤주머니에 넣은 앙금이 한주먹에 잡힐 만큼 적은 양을 넣어줍니다.

02 │ 엄지손가락이나 집게손가락에 한 번 감아주세요.

03 │ 짤주머니 밑부분을 돌려 팽팽하게 만들면 살짝만 눌러도 앙금이 쉽게 나옵니다.

- 꽃짜기를 할 때 힘이 든다면 많은 양의 앙금을 쥐고 짜지 않았나 생각해 보세요.

/ 꽃짜기 연습 시 짤주머니 잡기 /

01 │ 앙금을 여유 있게 넣어줍니다. 앙금이 밖으로 빠져나오지 않도록 짤주머니 끝을 고무줄로 묶거나 집게로 고정해 주세요.

02 │ 한 손안에 잡힐 정도로 조금씩 잡고 앙금 꽃을 짜줍니다.

❷ **연습한 앙금꽃은 어떻게 할까요?**

연습한 앙금꽃은 버리지 않고 짤주머니에 다시 넣어 손으로 주물러 공기를 뺀 다음 반복하여 연습할 수 있습니다. 연습하면서 앙금의 수분이 적어졌다면 물을 첨가하여 연습합니다.

※마른 앙금 조각이 짤주머니에 들어갔을 경우 깍지가 막힐 수 있기 때문에 주의해야 합니다.

/ 꽃가위 사용법 /

꽃가위는 앙금꽃을 트레이 또는 꽃 보관 통에 옮기는 작업을 할 때 사용합니다. 떡에 앙금 꽃을 배열하여 장식할 때도 쓰입니다.

1. 트레이(또는 꽃 보관 통)로 옮길 때

01ㅣ 앙금꽃의 기둥 아랫부분을 꽃가위로 살짝 잡아줍니다.
　　　(꽃의 필요한 부분만큼 자르기도 합니다.)
02ㅣ 꽃받침을 살짝 돌리면서 앙금꽃을 바깥쪽으로 밀어줍니다.
03ㅣ 앙금꽃을 들어 올려 트레이 또는 꽃 보관 통 위에 놓습니다.
04ㅣ 꽃가위를 위로 살짝 들어 꺾은 상태로 트레이를 긁듯이 빼줍니다.

2. 떡에 앙금꽃을 배열할 때

01ㅣ 앙금꽃의 기둥 아래에서 조금 위쪽을 살짝 잡아 들어줍니다.
02ㅣ 앙금꽃을 떡에 누르면서 붙여주고, 주변에 있는 꽃이 망가지지 않도록 조심스럽게 빼
　　　줍니다.
03ㅣ 꽃가위에 묻은 앙금이 다른 색의 꽃에 묻지 않도록 닦아가면서 배열합니다.

02
깍지의 타입과 앙금꽃

앙금꽃을 만들기 위해서는 짤주머니에 커플러와 깍지를 연결한 다음
앙금을 넣고 짜는 과정이 필요합니다.
이때 깍지를 통과하면서 나오는 앙금으로 꽃을 만들게 되는데,
깍지에 따라 각각 다른 모양의 앙금이 나옵니다.
같은 타입의 깍지라도 여러 단계의 크기가 있으며,
깍지마다 각각 다른 번호를 갖고 있습니다.
같은 번호의 깍지라도 제조사가 다르면
모양과 치수의 미세한 차이가 날 수 있습니다.

/ 원형 깍지 /

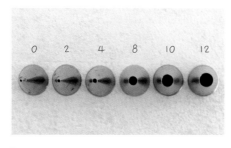 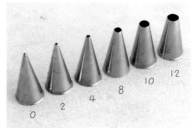

0번	꽃점, 잎맥, 꽃술	2번	꽃술, 산딸기
4번	안개꽃	8번	열매
10번, 12번	꽃봉오리, 목화, 블루베리		

/ 장미 깍지 /

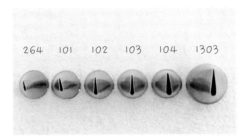

264번	거베라, 소국, 왁스플라워
101번, 102번	애플블라썸, 데이지, 솔방울, 스톡, 거베라, 벚꽃, 메리골드
103번	장미, 수국, 코스모스, 포인세티아, 램스이어, 백일홍, 아네모네, 동백, 다알리아, 메리골드
104번	장미, 카네이션, 라넌큘러스, 나팔꽃, 스카비오사, 아네모네, 램스이어, 무궁화, 동백, 작약, 킹프로테아, 다알리아, 진달래
1303번	장미, 램스이어, 아네모네, 나팔꽃, 무궁화

/ 물결 깍지 /

97번, 116번, 118번	카네이션, 잉글리쉬로즈, 리시안셔스, 작약

/ 일자 깍지 /

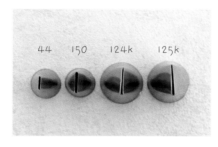

44번, 150번	카네이션, 장미
124k번, 125k번	장미, 포인세티아, 스카비오사, 카네이션, 무궁화

/ 곡선 깍지 /

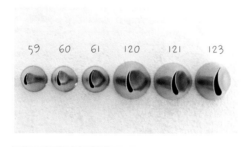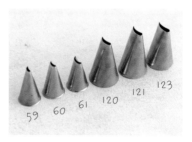

59번	수선화, 왁스플라워
60번, 61번	수선화, 후리지아, 작약, 호접란, 솔방울, 아티초크
120번, 121번	작약, 라넌큘러스, 튤립, 리시안셔스, 양귀비, 카라, 줄리엣로즈
123번	라넌큘러스, 작약, 튤립, 호접란, 모란, 양귀비, 잎사귀, 리시안셔스, 연꽃

/ 별 깍지 /

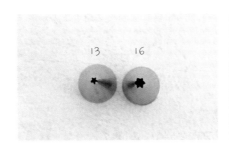

13번	천일홍, 안개꽃, 꽃술
16번	골든볼, 꽃술, 바구니모양

/ 잎사귀 깍지 /

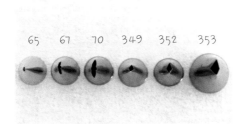
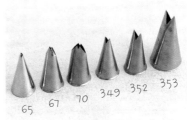

65번	꽃술
67번, 70번	잎사귀, 포인세티아
349번, 352번, 353번	잎사귀, 수국, 포인세티아, 해바라기

/ 국화 깍지 /

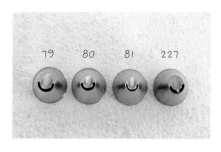 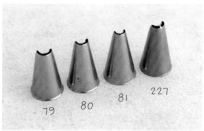

79번, 80번, 81번	국화, 히아신스, 개나리
227번	소국, 꽃술

/ 기타 깍지 /

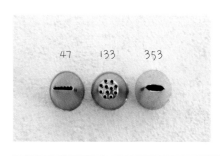 

47번	바구니 모양
133번	꽃술
353번	옥시, 부바르디아 ※잎사귀 깍지 353번과 번호가 동일하므로 구매 시 참고합니다.

03

깍지 개조하기

구매한 깍지를 그대로 사용할 수도 있지만, 도구를 이용하여
깍지의 폭을 좁히거나 넓히거나 가는 등의 작업을 통해 모양을 조금씩 개조하면
조금 더 다채로운 꽃잎의 모양을 표현할 수 있습니다.
공구를 사용하는 작업이기 때문에 안전을 위해 반드시 장갑을 착용해 주세요.
개조한 깍지는 팔팔 끓는 물에 3분 정도 끓여 열탕 소독을 해 줍니다.

펜치 · 니퍼 · 롱노우즈 · 9자말이 · 드라이버 · 줄 · 사포 · 장갑

1. 깍지의 폭을 좁힐 때

➡ 펜치 · 니퍼 · 롱노우즈

손잡이를 꼭 잡고 깍지를 강하게 물면 깍지의 폭을 천천히 좁혀 줄 수 있습니다.

2. 깍지의 폭을 넓힐 때

➡ 9자말이

좁아진 깍지를 넓혀 줄 때 사용합니다. 깍지의 끝부분을 물어 뾰족한 부분을 라운드 형태로 개조할 수 있습니다.

➡ 드라이버

깍지의 좁은 부분에 드라이버를 넣어 좌우로 움직이면 깍지 끝을 넓힐 수 있습니다. 깍지의 안쪽에 드라이버를 밀어 넣어도 폭이 넓게 늘어납니다.

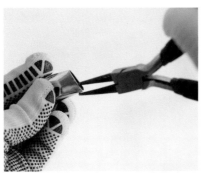 

3. 깍지를 갈아내거나 연마할 때

➲ 줄

금속 세공용 도구입니다. 깍지의 뾰족한 부분을 갈아 곡선 형태로 만들 때 사용하며, 개조 후 거칠어진 부분을 다듬어 주기도 합니다.

➲ 사포

줄과 비슷한 용도로 사용합니다. 깍지를 갈아 곡선 형태로 만들거나 거친 부분을 다듬는데 사용합니다. 사포는 표면의 거칠기에 따라 숫자로 구분하는데, 숫자가 작을수록 거친 사포 이며 더 쉽게 갈립니다. 사포 구매 시 120번 이하의 사포를 선택합니다.

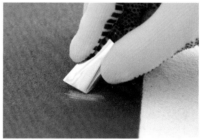

4. 안전장비

➲ 장갑

장갑에 유연성이 부족하거나 너무 두꺼우면 작업성이 떨어지며, 너무 얇아 쉽게 찢어지는 것도 피합니다. 미끄럼 방지 처리가 되어 있는 것을 사용하는 것이 좋습니다.

/ 깍지의 개조 전후 비교 /

❷ 깍지를 좁히거나 늘렸을 때 비교

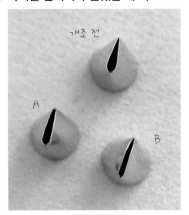

A.
꽃잎 끝의 두께가 살짝 두꺼워지면서 찢어지지
않도록 만들기 위하여 깍지의 뾰족한 부분을
늘렸습니다.

B.
하늘하늘한 꽃잎이 만들어지도록 전체적으로
폭을 좁혔습니다.

❷ 깍지를 갈았을 때 비교

꽃잎 끝을 매끈하게 만들기 위하여 깍지를 갈아
곡선 형태로 만들었습니다.

TIP

· 깍지를 개조할 때는 윌튼 깍지를 사용하는 것이 조금 더 수월합니다.
· **국산 깍지** : 국내에서 제작된 모든 깍지를 '국산 깍지'라고 부릅니다.
· **윌튼 깍지** : 미국 '윌튼'이라는 회사에서 만든 깍지로 국산깍지보다 가격이 비쌉니다.
　　　　　　단단한 국산 깍지에 비해 무른 재질로 만들어졌기 때문에 개조가 조금 더 수월합니다.

Part 11

앙금꽃 피우기

01~40
앙금꽃 피우기

앙금꽃을 만드는 방법에는 정답이 없습니다.
하지만 규칙이나 순서 없이 시작하게 되면
꽃이 변화되어 완성되는 과정과 모양이
머릿속에 그려지지 않아 다소 어려울 수 있습니다.
본 PART에서 제시한 규칙을 익혀보세요.
어느새 자신만의 방법으로 변형하여
더욱 멋진 앙금꽃을 피울 수 있게 됩니다.

• 깍지의 머리와 꼬리 •

본 PART에서는 이해를 돕기 위하여
깍지의 둥근 부분을 '머리' , 뾰족한 부분을 '꼬리' 라
이름을 붙이고 설명하였습니다.

※조색 : 천연가루, 네츄럴파우더, 윌튼화이트 사용
※깍지 : 국산 깍지 사용

01
기둥 만들기

꽃잎을 달기 위하여 가장 먼저 하는 순서이며 꽃의 뼈대 역할을 하는 것을 '기둥'이라고 합니다. 만들기 방법은 정답이 없으며 꽃의 크기나 높이에 따라 적절하고 자유롭게 선택합니다.

1. 10번 깍지 사용하기

➔ 낮은 꽃이나 작은 꽃에 주로 사용하며 좁고 높은 기둥을 만들기도 합니다.

2. 커플러 활용하기

➔ 주로 높거나 큰 꽃에 사용합니다. 기둥의 색은 자유롭게 선택해도 좋습니다.

3. 꽃과 같은 번호의 깍지를 사용하기

➔ 기둥을 만들기 위한 별도의 짤주머니를 사용하지 않아 시간이 절약될 수 있습니다.

앙금꽃 피우기

209

02

기본 잎사귀 Leaf I

• PREPARATION •

깍지 : #104
조색 : 빈티지그린

• HOW TO MAKE •

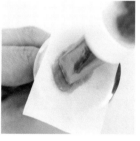
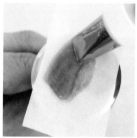

01 | 꽃받침에 앙금을 짠 후 유산지를 붙여줍니다.
02 | 깍지의 머리가 아래를 향하도록 합니다.
03 | 깍지를 살짝 눕혀 곡선을 그리며 올라갑니다.

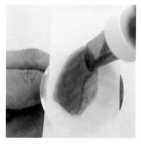

04 | 잎사귀의 끝부분에서 멈춘 후 뾰족하게 표현하기 위해 깍지를 세워줍니다.
05 | 곡선을 그리면서 내려옵니다.

TIP

• 잎사귀 장식하기 186page 참고

03
―
주름 잎사귀 Leaf II

NAVER ▶YouTube

• PREPARATION •

깍지 : #124k (#104)
조색 : 밀키그린

• HOW TO MAKE •

 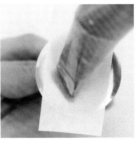 

01 | 꽃받침에 앙금을 짠 후 유산지를 붙여줍니다.
02 | 깍지의 머리가 아래를 향하도록 합니다.
03 | 깍지를 살짝 눕혀 지그재그로 흔들면서 곡선 모양으로 올라갑니다.

04 | 잎사귀의 끝부분에서 멈춘 후 뽀족하게 표현하기 위해 깍지를 세워줍니다.
05 | 깍지를 지그재그로 흔들면서 곡선 모양으로 내려옵니다.

TIP

· 잎사귀 장식하기 186page 참고

04

루모라 잎사귀 Rumohra

NAVER ▶ YouTube

• PREPARATION •

깍지 : #103
조색 : 밀키그린, 치자가루

• HOW TO MAKE •

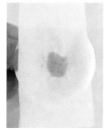

01 | 꽃받침에 앙금을 짠 후 유산지를 붙여줍니다.
02 | 깍지의 머리가 위를 향하도록 놓고 물방울 모양을 만들어줍니다.
03 | 첫 잎의 왼쪽에 같은 모양으로 짜줍니다.
04 | 첫 잎의 오른쪽에 같은 모양으로 짜면서 뾰족한 부분을 감싸줍니다.

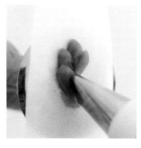

05 | 왼쪽과 오른쪽을 번갈아 가면서 물방울 모양의 잎을 만들어줍니다.
06 | 잎과 잎의 사이는 간격 없이 붙여서 원하는 길이만큼 반복하여 짜줍니다.

TIP
· 잎사귀 장식하기 186page 참고

05

블루베리 Blueberry

• PREPARATION •

깍지 : #10, #13
조색 : 청치자 가루, 판타지퍼플

• HOW TO MAKE •

01 ┃ 꽃받침과 살짝 떨어진 높이에서 시작합니다.
02 ┃ 꾹 짜서 원하는 크기로 만들어줍니다.
03 ┃ 깍지로 살짝 눌러주세요.

04 ┃ 꽃받침을 돌려 깍지를 떼고 자국을 확인합니다.
05 ┃ 별 깍지로 찍어 모양을 내줍니다.

06

산딸기 Raspberry

NAVER
▶ YouTube

• PREPARATION •

깍지 : #4 (#3)
조색 : 비트가루, 러블리레드

• HOW TO MAKE •

➲ 산딸기 아랫부분

  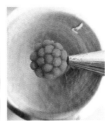 

01 | 원하는 높이와 두께로 기둥을 세웁니다.
02 | 기둥의 윗부분부터 점을 찍듯 동그란 모양으로 짜주세요.
03 | 옆면도 동그란 모양으로 촘촘하게 찍어줍니다.

➲ 산딸기 윗부분

 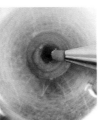  

01 | 원하는 높이와 두께로 기둥을 올리고 깍지로 찍어 구멍을 내줍니다.
02 | 기둥의 윗부분부터 점을 찍듯 동그란 모양으로 짜주세요.
03 | 옆면도 동그란 모양으로 촘촘하게 찍어줍니다.

앙금꽃 피우기

07

천일홍 Globe amaranth

• PREPARATION •

깍지 : 기둥 #10, 꽃잎 #24
조색 : 밀키그린, 비트가루
순서 : 기둥 - 꽃잎

• HOW TO MAKE •

01 | 산 모양의 기둥을 세워줍니다.
02 | 24번 깍지로 점을 찍으면 별 모양의 꽃잎이 만들어집니다.

03 | 기둥의 옆면을 돌아가면서 꽃잎을 채워줍니다.

217

08

목화 Cotton plant

• PREPARATION •

깍지	기둥 #10, 솜 #10, 잎사귀 #349
조색	윌튼화이트, 코코아 가루
순서	기둥 - 5장 - 5장 - 5장

• HOW TO MAKE •

01 기둥은 10번 깍지로 세 바퀴 정도 돌려 튼튼하게 올려줍니다.

02 349번 깍지를 사용하여 기둥 꼭대기에서부터 아래로 선을 그리듯 내려줍니다.

03 간격이 일정한 다섯 개의 선을 그어줍니다.

04 10번 깍지로 위에서부터 짜주세요.

05 동그란 모양이 만들어지면 기둥을 따라 아래쪽으로 짜면서 내려옵니다.

06 나머지 공간도 같은 방법으로 채워주세요.

07 | 깍지의 옆면으로 각진 부분을 다듬어줍니다.

08 | 349번 깍지를 이용하여 아래부터 위로 올라가며 사이사이에 잎을 만들어줍니다.

09

아티초크 Artichoke

NAVER ▶ YouTube

• PREPARATION •

깍지	: 기둥 #10, 잎 #59
조색	: 빈티지그린
순서	: 기둥 - 꽃잎

• HOW TO MAKE •

01 | 원하는 크기에 맞는 두께와 높이로 기둥을 세웁니다.
02 | 59번 깍지의 꼬리가 위를 향하도록 놓고 기둥 끝에 삼각형 모양의 잎을 만들어줍니다.
03 | 4~5개의 잎을 만들어 기둥의 위쪽을 채워주세요.

04 | 같은 방법으로 삼각형 모양의 잎을 기둥에 만들어줍니다.
05 | 원하는 높이가 될 때까지 아랫부분에도 잎을 채워주세요.

10
부바르디아 Bouvardia

NAVER ▶ YouTube

• PREPARATION •

깍지 : 기둥 #10, 꽃잎 #353
조색 : 밀키그린, 월튼화이트
순서 : 기둥 - 4장

• HOW TO MAKE •

01ㅣ 앙금을 짜서 동그란 모양이 나오면 깍지를 천천히 떼줍니다.
02ㅣ 끝이 뾰족한 물방울 모양의 기둥을 확인합니다.
03ㅣ 353번 깍지의 'U자' 모양이 보이도록 잡아주세요.

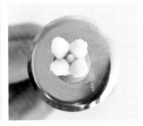

04ㅣ 앙금이 동그란 모양으로 나올 때 깍지를 떼면 짧은 꽃잎을 만들 수 있습니다.
05ㅣ 네 개의 꽃잎을 만들어 완성합니다.

TIP
• 기둥의 앙금은 물이나 액상 색소를 이용하여 살짝 질게 만들어야 끝이 뾰족한 기둥을 만들 수 있습니다.

앙금꽃 피우기

221

11

수국 Hydrangea

 NAVER YouTube

• PREPARATION •

깍지 : 기둥 #104, 꽃잎 #104, 꽃술 #2
조색 : 청치자 가루, 러블리레드, 윌튼화이트
순서 : 기둥 - 4장 - 꽃술

• HOW TO MAKE •

01 기둥은 한자리에서 2~3회 겹쳐 올려 높지 않게 만들어줍니다.
02 기둥의 중간 정도 지점에서 깍지를 살짝 눕혀 시작합니다.
03 정사각형 모양의 꽃잎을 만들어줍니다.

04 꽃받침의 방향을 왼쪽으로 돌려주세요.
05 첫 번째 꽃잎의 옆에 정사각형의 꽃잎을 만들어줍니다.
06 꽃받침의 방향을 왼쪽으로 돌려주세요.

07 │ 세 번째 꽃잎도 같은 방법으로 만들고 꽃받침의 방향을 돌려 네 번째 꽃잎도 만듭니다.

08 │ 2번 깍지로 꽃술을 찍어 완성합니다.

12

옥시 Oxypetalum

NAVER

▶ YouTube

• PREPARATION •

깍지	: 기둥 #10, 꽃잎 #353 #81, 꽃술 #2
조색	: 밀키그린, 민트블루, 사파이어블루
순서	: 기둥 - 5장 - 2장 - 꽃술

• HOW TO MAKE •

01 | 산 모양의 기둥을 세워줍니다.
02 | 353번 깍지의 'U자' 모양이 보이도록 잡아주세요.
03 | 앙금이 동그란 모양으로 나올 때 깍지를 떼면 짧은 꽃잎을 만들 수 있습니다.
04 | 꽃잎의 간격을 확인하면서 다섯 개의 꽃잎을 달아주세요.

05 | 81번 깍지로 짧은 꽃잎 두 개를 마주 보게 찍어줍니다.
06 | 2번 깍지로 꽃술을 만들어줍니다.

13

왁스플라워 Waxflower

NAVER

▶YouTube

• PREPARATION •

깍지 : 기둥 #10, 꽃잎 #59, 꽃술 #0
조색 : 빈티지그린, 윌튼화이트, 치자가루
순서 : 기둥 - 5장 - 꽃술

• HOW TO MAKE •

01 | 기둥은 높이 1cm 정도로 만들어줍니다.
02 | 59번 깍지를 기둥에 가깝게 대고 꽃받침을 돌리면서 앙금을 짭니다.
03 | 깍지의 꼬리 끝이 곡선을 그리듯 꽃잎을 만들어주세요.

04 | 같은 방법으로 다섯 개의 꽃잎을 만듭니다.
05 | 0번 깍지로 꽃술을 찍어 완성합니다. (깍지의 구멍이 작은 경우 묽은 앙금을 사용)

앙금꽃 피우기

14

히아신스 Hyacinth

• PREPARATION •

깍지	: 꽃잎 #79, 꽃술 #2
조색	: 민트블루, 허니옐로우
순서	: 3장 - 3장 - 꽃술

• HOW TO MAKE •

01 ❘ 높이 1cm 정도의 튼튼한 기둥이 생길 때까지 앙금을 짜줍니다.
02 ❘ 위에서 봤을 때 바깥으로 살짝 벌어지도록 길게 빼줍니다.
03 ❘ 첫 번째 잎에 바짝 붙여 같은 방법으로 길게 빼주세요.
04 ❘ 세 번째 꽃잎도 만들어줍니다.

05 ❘ 기둥의 맨 아래부터 위로 쓸어 올리듯 꽃잎과 꽃잎 사이에 겉꽃잎을 만들어줍니다.
06 ❘ 겉꽃잎의 길이는 속꽃잎의 길이보다 조금 더 길게 만들어주세요.
07 ❘ 같은 방법으로 세 개의 겉꽃잎을 만듭니다.

08ㅣ 꽃가위로 꽃잎 끝을 자르거나 좁혀서 뾰족하게 다듬어줍니다.

09ㅣ 2번 깍지로 꽃술을 세 개 달아 완성합니다.

15

꽃봉오리 Flower bud

NAVER ▶YouTube

• PREPARATION •

깍지	: 기둥 #10, 꽃잎 #61, 잎사귀 #60
조색	: 러블리레드, 빈티지그린
순서	: 기둥 - 5장 - 4장 (또는 3장)

• HOW TO MAKE •

01 | 산 모양의 기둥을 세워줍니다.

02 | 기둥의 끝부분에 61번 깍지의 꼬리를 맞추어 짜줍니다.

03 | 사선으로 내리면서 기둥을 감싸줍니다.

04 | 기둥의 꼭대기에 깍지의 꼬리를 맞춰주세요.

05 | 사선으로 내려오면서 두 번째 꽃잎을 만들어줍니다.

06 | 같은 방법으로 다섯 잎을 달아줍니다.

07 | 60번 깍지로 기둥 아래부터 위로 쓸어 올리듯 자유로운 길이로 잎사귀를 짜주세요.

16

국화 Chrysanthemum

• PREPARATION •

깍지 : 꽃잎 #81 (#80)
조색 : 비트가루
순서 : 기둥 - 3장 - 5장 - 8장 - 10장 - 12장

※ 꽃의 크기에 따라 꽃잎의 장수가 달라질 수 있습니다.

• HOW TO MAKE •

01 │ 원하는 크기로 산 모양의 기둥을 세워줍니다.
02 │ 깍지를 수직으로 세워서 짜며 원하는 길이가 나오면 힘을 빼고 길이를 조절합니다.
03 │ 세 개의 짧은 꽃잎을 만들어 중심을 잡아주세요.
04 │ 꽃잎 다섯 장은 살짝 벌어진 모양입니다.

05 │ 기둥의 경사면에 수직으로 꽃잎을 반복하여 만들어주세요.
06 │ 원하는 크기가 나올 때까지 꽃잎을 달아줍니다.

 TIP
　• 깍지를 기둥에 바짝 붙여서 앙금을 짜면 꽃잎의 밑부분이 튼튼해집니다.

앙금꽃 피우기

17

킹프로테아 King protea

• PREPARATION •

깍지 : 꽃술 #2, 꽃잎 #59
조색 : 윌튼화이트, 러블리레드, 판타지퍼플
순서 : 기둥 - 꽃술 - 꽃잎

• HOW TO MAKE •

01 | 기둥을 높고 튼튼하게 세워줍니다.
02 | 2번 깍지로 기둥에 꽃술을 붙여줍니다.
03 | 기둥의 아래부터 위로 올리면서 짜주세요.
04 | 기둥에 꽃술이 모두 채워지면 기둥 아래쪽에 짧은 꽃술을 붙여줍니다.

05 | 꽃잎은 아래에서 위쪽으로 붙여 올리듯 만들어주세요.
06 | 꽃술을 감싸는 꽃잎을 빙 둘러줍니다.
07 | 깍지를 수평 방향으로 하여 활짝 핀 꽃잎을 만들어줍니다.

18
코스모스 Cosmos

NAVER ▶YouTube

• PREPARATION •

깍지 : 기둥 #104, 꽃잎 #104, 꽃술 #13
조색 : 블러썸레드, 치자가루
순서 : 기둥 - 10장 - 꽃술

• HOW TO MAKE •

01 | 낮은 원형 모양의 기둥을 만들어주세요.
02 | 깍지의 꼬리가 기둥의 외곽선에 오도록 놓고 시작합니다.
03 | 깍지를 지그재그로 흔들면서 작은 곡선을 그려줍니다.
04 | 기둥의 중심 쪽으로 돌아와 멈춥니다.

05 | 두 번째 꽃잎은 첫 번째 꽃잎의 뒤쪽에서 시작합니다.
06 | 같은 방법으로 열 장 정도의 꽃잎을 만들어주세요.
07 | 점을 찍어 꽃술을 완성합니다.

앙금꽃 피우기

19

벚꽃 Cherry Blossom

NAVER ▶ YouTube

• PREPARATION •

깍지 : 기둥 #102, 꽃잎 #102, 꽃술 #2
조색 : 백년초가루, 청치자 가루, 러블리레드
순서 : 기둥 - 5장 - 꽃술

• HOW TO MAKE •

01 ┃ 꽃받침을 돌리면서 원을 그리듯 짜줍니다.
02 ┃ 두 바퀴 정도 돌려 낮은 기둥을 만들어주세요.
03 ┃ 기둥의 중심에 깍지의 머리를 놓고 시작하여 부채꼴의 곡선을 그려줍니다.

04 ┃ 꽃잎의 끝이 기둥보다 바깥으로 나가도록 합니다.
05 ┃ 두 번째 꽃잎은 첫 번째 꽃잎의 뒤쪽에서 시작해주세요.
06 ┃ 꽃받침은 깍지의 진행 방향과 반대로 돌리며 깍지는 부채꼴의 곡선을 그려줍니다.

07| 꽃잎의 간격을 보면서 같은 방법으로 다섯 장을 만듭니다.

08| 점을 찍어 꽃술을 완성합니다.

TIP
· 꽃받침은 앙금을 짜는 속도와 맞추어 돌려주세요.

20

데이지 Daysi

NAVER ▶ YouTube

• PREPARATION •

깍지	: 기둥 #102, 꽃잎 #102, 꽃술 #2
조색	: 윌튼화이트, 허니옐로우
순서	: 기둥 - 11장 - 꽃술

• HOW TO MAKE •

01 | 꽃받침을 돌리면서 원을 그리듯 짜줍니다.

02 | 두 바퀴 정도 돌려 낮은 기둥을 만들어주세요.

03 | 깍지의 꼬리가 기둥의 외곽선에 오도록 놓고 시작합니다.

04 | 깍지의 꼬리로 작은 곡선을 그리고 기둥의 중심 쪽으로 돌아와 멈춥니다.

05 | 두 번째 꽃잎은 첫 번째 꽃잎의 뒤쪽에서 시작합니다.

06 | 같은 방법으로 꽃잎을 만들어주세요.

07 | 꽃잎의 수는 11장~12장으로 간격을 보며 만들어줍니다.

08 | 점을 찍어 꽃술을 완성합니다.

21

메리골드 Marigold

NAVER ▶ YouTube

• HOW TO MAKE •

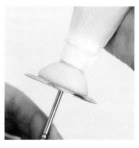

01 | 돔 모양의 기둥을 세워주세요.
02 | 깍지의 머리는 아래를 향하게 하여 짧은 꽃잎을 달아줍니다.
03 | 꽃잎 사이에 간격이 있어도 좋으며 깍지의 꼬리는 살짝 들어줍니다.

04 | 기둥을 빙 둘러가며 열 장 정도 짜주어 1단을 만듭니다.
05 | 깍지의 꼬리는 살짝 들어야 입체감이 살아납니다.
06 | 1단 꽃잎 끝이 살짝 보이도록 여덟 장을 달아줍니다.

07 | 같은 방법으로 다섯 장을 붙여주세요.

08 | 꽃술을 찍어 완성합니다.

22
나팔꽃 Morning glory

• PREPARATION •

깍지 : 기둥 #10, 꽃잎 #104, 꽃술 #2
조색 : 청치자 가루, 판타지퍼플
순서 : 기둥 - 5장 - 꽃술

• HOW TO MAKE •

01| 10번 깍지로 두 바퀴 정도 돌려 도넛 모양의 기둥을 세워줍니다.
02| 깍지는 머리가 아래를 향하게 하며 기둥 안쪽에서 시작합니다.
03| 곡선을 그리며 올라갔다 내려온 후 꾹 찍어 깍지 자국을 내주세요.

04| 기둥의 안쪽에 꽃잎이 세워지도록 합니다.
05| 같은 방법으로 다섯 장을 만들어줍니다.
06| 잎이 활짝 펴져 있다면 꽃잎의 아래에 앙금을 짜서 꽃잎이 오므려지게 합니다.

07 깍지로 꽃잎의 둥근 부분을 다듬어 살짝 각을 만들어주세요.

08 꽃술을 짜서 완성합니다.

23
무궁화 Mugunghwa

• PREPARATION •

깍지 : 기둥 #10, 꽃잎 #104, 꽃술 #3
조색 : 블러썸레드, 치자가루
순서 : 기둥 - 5장 - 꽃술

• HOW TO MAKE •

01 | 10번 깍지로 두 바퀴 정도 돌려 도넛 모양의 기둥을 세워줍니다.
02 | 깍지는 머리가 아래를 향하게 하며 기둥 안쪽을 긁듯이 꽃잎을 만듭니다.
03 | 손목을 이용하여 두세 번 깍지를 흔들어 주름진 꽃잎을 만들어줍니다.
04 | 첫 번째 꽃잎 뒤쪽에서 두 번째 꽃잎을 시작합니다.

05 | 꽃받침을 돌리는 속도보다 앙금 짜는 속도가 빠르면 자연스럽게 꽃잎이 주름져요.
06 | 잎이 활짝 펴져 있다면 꽃잎의 아래에 앙금을 짜서 꽃잎이 오므려지게 합니다.
07 | 꽃술을 짜서 완성합니다.

24

동백꽃 Camellia

• PREPARATION •

깍지 : 기둥 #104, 꽃술 #2, 꽃잎 #104
조색 : 허니옐로우, 비트가루, 러블리레드
순서 : 기둥 - 꽃술 - 3장 - 3장

• HOW TO MAKE •

01 | 104번 깍지를 이용하여 산 모양의 기둥을 세워줍니다.
02 | 2번 깍지로 꽃술을 길게 올려주세요.
03 | 꽃술의 아래쪽에서부터 깍지를 세워 시작합니다.
04 | 산 모양을 그리면서 꽃술을 감싸주세요.

05 | 꽃잎이 서로 살짝 겹치도록 세 장을 만들어줍니다.
06 | 겉꽃잎은 속꽃잎의 가장 높은 부분에서 시작합니다.
07 | 좀 더 높은 산 모양을 그리면서 속꽃잎을 감싸도록 세 장을 달아 완성합니다.

앙금꽃 피우기

25

리시안셔스 Lisianthus

• PREPARATION •

깍지	: 꽃술 #4, 꽃잎 #116
조색	: 치자가루, 엘더베리
순서	: 기둥 - 꽃술 - 3장 - 5장

• HOW TO MAKE •

01 | 돔 모양의 기둥을 세워줍니다.

02 | 4번 깍지로 꽃술을 세워주세요.

03 | 116번 깍지를 흔들면서 주름진 꽃잎을 만듭니다.

04 | 첫 번째 꽃잎과 1/2 정도 겹치며 꽃술을 감싸도록 합니다.

05 | 세 장의 잎으로 꽃술을 감싸줍니다.

06 | 속꽃잎보다 살짝 높고 크게 산 모양을 그리며 올라갔다 내려옵니다.

07 ┃ 꽃잎끼리 서로 겹치면서 다섯 장의 꽃잎을 만들어 완성합니다.

26
카네이션 Carnation

NAVER ▶ YouTube

• PREPARATION •

깍지	: 꽃잎 #103
조색	: 러블리레드
순서	: 기둥 - 3장 - 3장 - 5장 - 6장

• HOW TO MAKE •

01⏐ 돔 모양의 기둥을 세워주세요.
02⏐ 깍지의 머리는 아래를 향하게 하여 주름진 꽃잎을 만듭니다.
03⏐ 지그재그 흔들어 짧게 만들어주세요.

04⏐ 꽃잎 사이에 틈이 보이지 않도록 세 장을 붙여줍니다.
05⏐ 세 장의 꽃잎 끝에 짧고 주름진 꽃잎을 만듭니다.
06⏐ 지그재그 흔들어 짜면서 감싸주세요.

07 전체를 감싸도록 다섯 장의 꽃잎을 달아줍니다.

08 여섯 장의 주름진 꽃잎으로 감싸주어 완성합니다.

TIP

· 기둥을 두껍게 세우고 104번 깍지 등을 이용하여 꽃잎의 수를 많게 하면 조금 더
큰 카네이션을 만들 수 있습니다.

27

프리지아 *Freesia*

• PREPARATION •	
깍지	: 기둥 #61, 꽃잎 #61, 꽃술 #2
조색	: 치자가루
순서	: 기둥 - 3장 - 3장 - 3장 - 꽃술

• HOW TO MAKE •

01 | 61번 깍지를 이용하여 지그재그로 짜서 기둥을 세워줍니다.
02 | 깍지의 머리는 아래를 향하며 기둥의 중심에서 시작합니다.
03 | 꽃받침을 돌리면서 기둥에 반원을 그려 꽃잎을 세워주세요.

04 | 세 장의 꽃잎 끝이 중심으로 모이게 속꽃잎을 만들어줍니다.
05 | 겉꽃잎은 속꽃잎 보다 높은 산 모양을 그리며 만듭니다.
06 | 서로 겹치지 않게 세 장을 짜주세요.

07 ㅣ 꽃잎과 꽃잎 사이에 조금 더 높고 큰 꽃잎을 세 장 세워줍니다.
08 ㅣ 꽃술을 꽃잎의 높이만큼 올려줍니다.

247✽

28
튤립 Tulip

NAVER　YouTube

• PREPARATION •

깍지	: 기둥 #10, 꽃잎 #123
조색	: 비트가루, 판타지퍼플
순서	: 기둥 - 3장 - 3장

• HOW TO MAKE •

01 ｜ 기둥은 튤립의 높이만큼 높게 세워주세요.
02 ｜ 기둥의 꼭대기를 감싸도록 끝이 뾰족한 꽃잎을 만듭니다.
03 ｜ 기둥의 아래까지 충분히 내려주세요.
04 ｜ 같은 방법으로 첫 번째 꽃잎과 맞닿는 꽃잎을 만들어줍니다.

05 ｜ 끝이 뾰족하고 아랫부분이 두꺼워야 균형이 잘 맞습니다.
06 ｜ 세 장의 속꽃잎을 완성합니다.
07 ｜ 겉꽃잎도 기둥 아래부터 시작합니다.

08 | 끝이 뾰족한 꽃잎을 높게 만들어주세요.
09 | 같은 방법으로 세 장의 겉꽃잎을 짜서 완성합니다.

29

수선화 Narcissus

• PREPARATION •

깍지 : 기둥 #103, 꽃잎 #103 #104, 꽃술 #2
조색 : 윌튼화이트, 치자가루
순서 : 기둥 - 6장 - 1장 - 꽃술

• HOW TO MAKE •

01 ┃ 꽃받침을 두 바퀴 정도 돌려 원형의 낮은 기둥을 만들어줍니다.
02 ┃ 103번 깍지의 머리는 아래를 향하며 꼬리는 기둥의 외곽선에 놓고 시작합니다.
03 ┃ 곡선 그리면서 올라갔다가 끝에서 잠깐 멈추어 깍지를 살짝 세워주세요.
04 ┃ 기둥의 중심 쪽으로 다시 돌아오면 끝이 살짝 뾰족한 모양이 됩니다.

05 ┃ 같은 방법으로 여섯 장을 만듭니다.
06 ┃ 104번 깍지의 머리는 아래를 향하고 꽃받침을 돌리면서 꽃잎을 세워줍니다.
07 ┃ 꽃잎이 벌어지지 않도록 동그랗게 붙여줍니다.

08│ 꽃술을 세 개 세워주세요.

09│ 꽃술을 만들었던 2번 깍지를 이용하여 꽃잎 끝을 바깥으로 살짝 벌려 완성합니다.

30
양귀비 Poppy

NAVER ▶ YouTube

• PREPARATION •

깍지	: 기둥 #10, 꽃잎 #104, 꽃술 #1 #13
조색	: 러블리레드, 비트가루, 녹차 가루, 치자가루
순서	: 기둥 - 2장 - 2장 - 꽃술 - 꽃술

• HOW TO MAKE •

01 10번 깍지로 두 바퀴 정도 돌려 도넛 모양의 기둥을 세워줍니다.

02 깍지의 머리는 아래를 향하게 하며 기둥 위에 포물선을 그립니다.

03 반원 모양으로 돌려 꽃잎을 붙여줍니다.

04 마주 보도록 한 장 더 만들어주세요.

05 깍지의 꼬리를 살짝 들어 꽃잎을 세우면 입체감을 줄 수 있습니다.

06 꽃잎의 크기는 조금 더 작게 하며 서로 마주 보게 해주세요.

07 | 1번 깍지로 점과 선을 그어 꽃술을 그려줍니다.

08 | 13번 깍지로 꽃술을 찍어 완성합니다.

> **TIP**
> · 꽃받침을 돌리는 속도보다 앙금 짜는 속도가 빠르면 꽃잎이 살짝 주름집니다.

31
호접란 Orchid

 NAVER
 YouTube

• PREPARATION •

깍지 : 기둥 #104, 꽃잎 #104 #60, 꽃술 #4
조색 : 러블리레드, 판타지퍼플, 밀키그린
순서 : 기둥 - 3장 - 2장 - 3장 - 꽃술

• HOW TO MAKE •

01 ┃ 104번 깍지는 수직으로 세우며 깍지의 꼬리는 꽃받침의 중심을 향하도록 합니다.
02 ┃ 세 개의 기둥이 붙도록 만들어줍니다.
03 ┃ 기둥이 살짝 가려지는 둥근 모양의 꽃잎을 붙여주세요.
04 ┃ 나머지 두 개의 기둥에는 끝이 뾰족한 꽃잎을 만듭니다.

05 ┃ 둥근 꽃잎이 위로 향하게 하여 왼쪽과 오른쪽에 세로로 긴 꽃잎을 답니다.
06 ┃ 깍지의 꼬리는 살짝 세우고 긴 곡선을 그리며 만듭니다.
07 ┃ 반대쪽도 마주 보게 긴 꽃잎을 만들어주세요.

08 | 60번 깍지로 세 장의 짧은 꽃잎을 달아줍니다.

09 | 꽃술을 짜서 완성합니다.

32

아네모네 Anemone

NAVER

▶ YouTube

• PREPARATION •

깍지 : 기둥 #104, 꽃잎 #104, 꽃술 #10 #2 #13
조색 : 윌튼화이트, 청치자 가루, 녹차 가루
순서 : 기둥 - 5장 - 4장 - 둥근 꽃술 - 점꽃술 - 별꽃술

• HOW TO MAKE •

01 ㅣ 꽃받침을 두 번 돌려 낮은 기둥을 만들어줍니다.
02 ㅣ 깍지의 머리를 아래로 향하게 하여 둥근 모양의 꽃잎을 만듭니다.
03 ㅣ 꽃잎이 서로 겹치도록 다섯 장을 만들어주세요.

04 ㅣ 깍지의 꼬리는 살짝 들고 다섯 장의 꽃잎 끝이 살짝 보이도록 작게 만듭니다.
05 ㅣ 네 장의 꽃잎을 붙여주세요. 크기와 모양이 살짝 달라도 자연스럽습니다.
06 ㅣ 10번 깍지로 둥근 꽃술을 짜주세요.

07 | 2번 깍지로 둥근 꽃술을 둘러 점을 찍어줍니다.
08 | 13번 깍지로 바깥쪽에 꽃술을 찍어 완성합니다.

33

스톡 Stock

 NAVER YouTube

• PREPARATION •

깍지 : 꽃잎 #103, 꽃술 #81
조색 : 윌튼화이트, 밀키그린
순서 : 기둥 - 5장 - 4장 - 꽃술 - 속꽃잎

• HOW TO MAKE •

01 │ 돔 모양의 낮은 기둥을 세워줍니다.

02 │ 깍지의 머리는 아래를 향하게 하고 깍지를 흔들어 곡선을 그리며 주름지게 해주세요.

03 │ 꽃잎이 서로 겹치게 다섯 장을 만들어줍니다.

04 │ 깍지의 꼬리를 살짝 들고 짜면 입체적으로 표현됩니다.

05 │ 깍지를 흔들며 주름진 꽃잎을 네 장 달아주세요.

06 │ 81번 깍지로 꽃술을 달아줍니다.

07 │ 잎의 양쪽 끝이 맞닿게 깍지로 붙여주세요.

08ㅣ 작은 속꽃잎을 세 장 만들어줍니다.
09ㅣ 깍지로 잎의 끝을 오므려 완성합니다.

34

거베라 Gerbera

NAVER ▶YouTube

• PREPARATION •

깍지	: 기둥 #10, 꽃잎 #102 #264, 꽃술 #2
조색	: 러블리레드, 허니옐로우, 밀키그린
순서	: 기둥 - 약15장 - 약12장 - 속꽃잎 - 꽃술

• HOW TO MAKE •

01 | 10번 깍지로 두 바퀴 정도 돌려 기둥을 세워줍니다.

02 | 102번 깍지를 살짝 눕혀서 좁고 긴 꽃잎을 만들어주세요.

03 | 꽃잎과 꽃잎 사이의 간격이 벌어지지 않도록 해줍니다.

04 | 깍지의 꼬리를 들어 짜면서 꽃잎을 세워 붙여줍니다.

05 | 첫 번째 단의 꽃잎 끝이 살짝 보이도록 합니다.

06 | 264번 깍지를 이용하여 바깥쪽에서 안쪽으로 선을 긋듯이 속꽃잎을 짜줍니다.

07 | 속꽃잎을 풍성하게 짜주세요.
08 | 점을 찍어 꽃술을 완성합니다.

35

다알리아 Dahlia

• PREPARATION •

깍지	: 기둥 #104, 꽃잎 #104 #59
조색	: 판타지퍼플, 엘더베리
순서	: 기둥 - 6장 - 6장 - 속꽃잎

• HOW TO MAKE •

01 | 꽃받침을 세 번 돌려 낮은 기둥을 만들어줍니다.

02 | 기둥의 중심을 시작으로 곡선을 그리며 올렸다가 끝에서 잠깐 멈추어 깍지를 살짝 세워줍니다.

03 | 다시 기둥의 중심으로 내려오면 끝이 뾰족한 꽃잎을 만들 수 있습니다.

04 | 같은 방법으로 간격을 고려하여 꽃잎을 달아줍니다.

05 | 꽃잎 간에 서로 겹치지 않도록 간격을 주어 여섯 장을 만들어줍니다.

06 | 꽃잎과 꽃잎 사이에 같은 방법으로 꽃잎 여섯 장을 만들어주세요.

07 | 59번 깍지로 속꽃잎을 한 장 올리고 이를 감싸는 세 장의 속꽃잎을 짜줍니다.

08ㅣ다섯 장의 속꽃잎을 붙여주세요.

09ㅣ원하는 모양과 크기만큼 속꽃잎을 붙여 완성합니다.

36
스카비오사 Scabiosa

• PREPARATION •

깍지	: 기둥 #104, 꽃잎 #104, 꽃술 #2, 속꽃잎 #24
조색	: 윌튼화이트, 밀키그린
순서	: 기둥 - 6장 - 6장 - 꽃술 - 속꽃잎

• HOW TO MAKE •

01 ㅣ 꽃받침을 두 번 돌려 낮은 기둥을 만들어줍니다.
02 ㅣ 104번 깍지를 세워 흔들어 주면서 주름진 모양을 냅니다.
03 ㅣ 꽃잎과 꽃잎 사이에 간격을 두고 자유로운 주름을 만듭니다.

04 ㅣ 여섯 장의 꽃잎을 만들어주세요.
05 ㅣ 꽃잎 사이사이에 같은 방법으로 주름진 꽃잎을 달아줍니다.
06 ㅣ 길이는 살짝 짧게 하여 여섯 장으로 합니다.

07 ┃ 2번 깍지로 꽃술을 찍어 볼록한 모양으로 만들어주세요.

08 ┃ 24번 깍지로 꽃술을 빙 둘러 속꽃잎을 찍어 완성합니다.

37

장미 Rose

• PREPARATION •

깍지	: 꽃잎 #104
조색	: 러블리레드
순서	: 기둥 - 고깔 - 3장 - 5장 - 5장

• HOW TO MAKE •

1. 기둥

01 | 기둥을 산 모양으로 세워줍니다.
02 | 깍지의 머리를 기둥에 살짝 박고 시작합니다.

2. 고깔

03 | 꽃받침을 시계 반대 방향으로 돌리면서 깍지를 기울여 끝이 뾰족한 모양이 되도록 합니다.
04 | 한 바퀴 반 정도 돌려 고깔 모양을 만들어주세요.

3. 1단 (3장)

05┃ 깍지를 세워 기둥에 붙여 시작합니다.

06┃ 꽃받침을 시계 반대 방향으로 돌리면서 꽃잎은 기둥에 산 모양을 그리듯 올라왔다 내려옵니다.

07┃ 고깔을 감싸도록 한 후 깍지를 세워 기둥에 붙여 두 번째 잎을 만듭니다.

08┃ 꽃받침을 시계 반대 방향으로 돌리면서 꽃잎은 기둥에 산 모양을 그리듯 올라왔다 내려옵니다.

09┃ 두 장의 꽃잎을 감싸도록 한 장 더 붙여줍니다.

4. 2단 (5장)

10┃ 1단의 꽃잎보다 좀 더 높고 크게 산 모양으로 올라왔다 내려주세요.

11┃ 깍지는 살짝 꺾어 바깥쪽으로 핀 꽃잎을 만듭니다.

12┃ 다섯 장의 꽃잎을 붙여줍니다.

5. 3단 (5장)

13 ‖ 2단의 꽃잎보다 좀 더 높고 크게 산 모양으로 올라왔다 내려주세요.

14 ‖ 다섯 장의 꽃잎을 붙여줍니다. 꽃받침은 계속하여 시계 반대 방향으로 돌려주세요.

15 ‖ 깍지 옆면의 평평한 부분이 보이도록 수평으로 눕혀 짜면 활짝 핀 꽃이 됩니다.

38
줄리엣로즈 Juliet rose

NAVER ▶ YouTube

• PREPARATION •
깍지 : 기둥 #104, 꽃잎 #104
조색 : 러블리레드
순서 : 기둥 - 4장 - 3장씩 - 1장씩 - 1장씩 - 5장 - 6장

• HOW TO MAKE •

1. 기둥

01 | 104번 깍지로 지그재그를 그려 기둥을 세웁니다.
02 | 기둥 바깥을 둘러 정리합니다.

2. 기준 꽃잎 (4장)

03 | 꽃받침을 돌리면서 곡선을 그리다가 기둥 아래로 내려
줍니다.
04 | 회오리 모양의 꽃잎 네 장을 만들어 주는데 이 꽃잎이
'기준 꽃잎' 이 됩니다.

앙금꽃 피우기

3. 덧잎 (3장)

05 | 기준 꽃잎 뒤쪽에 짧은 꽃잎 두 장을 붙여주고 긴 꽃잎으로 감싸줍니다.

06 | 같은 방법으로 기준 꽃잎 네 장의 각각 뒤쪽에 덧잎을 세 장씩 붙여줍니다.

4. 메우기 짧은 꽃잎 (네 곳 1장씩)

07 | 기준 꽃잎 앞쪽에 짧은 꽃잎을 한 장씩 달아줍니다.

08 | 네 곳의 빈 공간을 짧은 꽃잎으로 메워주세요.

5. 높은 꽃잎 (네 곳 1장씩)

09 | 메우기 했던 짧은 꽃잎의 앞쪽에서 꽃잎을 높게 세웠다가 꽃받침을 돌리며 감싸줍니다.

10 | 같은 방법으로 꽃송이를 감싸는 네 장의 높은 꽃잎을 만들어줍니다.

6. 겉꽃잎 (5장)

11 ╎ 완만한 산 모양을 그리듯이 다섯 장의 꽃잎으로 꽃송이 전체를 감싸 줍니다.

7. 겉꽃잎 (6장)

12 ╎ 같은 방법으로 산 모양을 그리듯 올렸다 내려오면서 겉꽃잎을 여섯 장 달아주세요.

13 ╎ 깍지를 눕혀 짜면 활짝 핀 모양을 표현할 수 있습니다.

39

라넌큘러스 Ranunculus

• PREPARATION •	
깍지	: 꽃술 #5, 꽃잎 #104 #61 (#123)
조색	: 밀키그린, 윌튼화이트
순서	: 기둥 - 꽃술 - 5장 - 6장 - 6장 - 6장 - 6장 기둥 - 6장

• HOW TO MAKE •

1. 기둥

01 ｜ 산 모양의 기둥을 세워줍니다.

2. 꽃술

02 ｜ 꽃술을 튼튼하게 짜고 끝이 뾰족하게 되었다면 깍지의
옆면으로 둥글게 다듬어주세요.

3. 속꽃잎 (5장)

03ㅣ 104번 깍지로 꽃술을 감싸는 잎을 짧게 붙여줍니다.
04ㅣ 다섯 장으로 감싸며 꽃술이 살짝 보이게 해주세요.
05ㅣ 잎이 1/3 정도씩 겹치도록 합니다.

4. 속꽃잎 (6장)

06ㅣ 1/2 정도씩 잎이 겹치게 만들어줍니다.
07ㅣ 속꽃잎의 위쪽이 살짝 보이게 여섯 장 붙여줍니다.

5. 1단 (6장)

08ㅣ 61번 깍지로 여섯 장을 빙 둘러 1단을 올려줍니다.
09ㅣ 전체적인 모습을 보면서 여섯 장의 꽃잎을 쌓아줍니다.

6. 2단 (6장)

10 | 꽃술을 포함하여 속에 있는 꽃잎의 끝이 조금씩 보이도록 여섯 장씩 계속 쌓아주는 것이 포인트입니다.

7. 3단 (6장)

11 | 전체적으로 동그란 꽃송이의 모양을 유지하며 여섯 장을 더 쌓아줍니다.

12 | 꽃송이가 커질수록 꽃잎의 길이도 길어집니다. 원하는 크기만큼 잎을 더 쌓아도 좋습니다.

8. 기둥

13 | 기둥 아래가 얇다면 한 바퀴 감싸 튼튼하게 합니다.

9. 겉꽃잎 (6장)

14 | 완만한 산 모양을 그리듯 꽃송이 전체를 감싸는 꽃잎을 짜주세요.

15 | 여섯 장 정도 달아서 완성합니다.

40

작약 Peony

NAVER

▶ YouTube

• PREPARATION •

깍지	: 기둥 #121, 꽃잎 #121 (#123)
조색	: 블러썸레드
순서	: 기둥 - 5장 - 5장 - 5장 - 5장 - 5장 - 5장

• HOW TO MAKE •

1. 기둥

01 | 기둥은 손가락 한 마디 이상의 높이로 튼튼하게 세워줍니다.

2. 속꽃잎 (5장)

02 | 기둥 위쪽에서부터 아래로 내려오면서 끝이 뾰족한 꽃잎을 달아줍니다.

03 | 시계 방향으로 진행하면서 다섯 장을 붙여주세요.

3. 1단 (5장)

04 | 속꽃잎보다 살짝 높게 꽃잎을 만들어줍니다.

05 | 잎을 짠 후 깍지를 안쪽으로 꺾어 둥글게 덮어주세요.

06 | 꽃잎의 안쪽에 깍지를 넣어 짜면 꽃잎이 바깥으로 벌어지지 않습니다.

4. 2단 (5장)

07 | 깍지를 살짝 밖으로 꺾어서 짜다가 잎이 끝날 때쯤 덮어주듯 붙여주세요.

08 | 꽃잎들 사이에 간격이 없이 붙입니다. 꽃잎이 너무 겹치면 바깥으로 벌어져요.

09 | 다섯 장을 만들어줍니다.

5. 3단 (5장)

10 | 2단의 꽃잎 사이사이에 3단의 꽃잎을 만들어 덮어줍니다.

11 | 다섯 장의 꽃잎을 만들어주세요. 2단 꽃잎의 크기와 비슷합니다.

6. 4단 (5장)

12 | 같은 방법으로 3단의 꽃잎 사이사이에 다섯 장의 꽃잎을 만들어 줍니다.

7. 겉꽃잎 (5장)

13 | 깍지를 눕혀 살짝 핀 겉꽃잎을 다섯 장 붙여 완성합니다.

앙플박스 구성

품목	수량
서울앙금(백앙금) 1kg	1
백옥앙금 1kg	1
짤주머니	2
커플러	2 Set
둥근스크래퍼	1
꽃가위	1
꽃받침	1
네일꽂이	1
실리콘 주걱	1
깍지브러쉬	1 Set
조색볼	1
셰프마스터 레드	20g
셰프마스터 옐로	20g
셰프마스터 블루	20g
깍지세트(국산)	11

앙플박스 란?

'앙금꽃 짜기' 연습을 돕기 위하여
최적의 도구로 구성한
입문자용 패키지입니다.

주문하기

스윗핸즈
SWEET HANDS

스윗핸즈는
2015년 7월에 개설한 네이버 온라인카페로
전국 80여 명의 전임 강사들과
8만여 명의 회원들이 모여
독학모임 · 원데이클래스 · 정규수업
등의 정보를 공유하고 있습니다.
또한 **앙금플라워 동영상 · 떡레시피**
쌀베이킹 · 수제디저트 레시피 등
다양한 정보를 무료로 공유하고 있습니다.

NAVER 카페	NAVER 블로그	홈페이지	마켓